KB178684

ow to Live
24 Hours a Day

자신의 시간을 이렇게 활용하라

레이 조지프 지음 / 이상현 옮김

지성문화사

차　례☺

이야기를 시작하면서 · 11

제1장 아침의 일과

1　기　　상 · 27
2　아침 일찍 일어나는 습관을 키우자 · 27
3　음악도 효과가 있다 · 28
4　일은 재빨리 시작하라 · 29
5　새벽시간을 이용하라 · 30
6　침실에서도 일할 수 있다 · 31
7　침실에서는 이렇게 하라 · 32
8　화장실을 효과적으로 이용하고 있는가 · 33
9　작은 장소도 넓게 사용한다 · 33
10　몸단장은 빠를수록 좋다 · 34
11　몸단장은 옷부터 시작하라 · 35
12　부인들의 시간절약법 · 37
13　모 상원의원 부인이 가르쳐 준 비결 · 39
14　특별히 만드는 옷 · 39
15　간편한 복장에 대한 연구 · 40
16　색에 따른 정리법 · 41
17　찾기 쉽게 정리하라 · 42
18　정리용 상자 이용법 · 42
19　정리는 이렇게 하라 · 43
20　주머니 또는 핸드백을 미리 정리하라 · 44
21　아침식사를 여유 있게 하는 법 · 44
22　그밖의 아침식사 연구 · 45

4

☺ 차　례────────────────────────────

제2장 하루하루의 근무

1　주거지 선택 · 49
2　통근할 때의 교통수단 · 50
3　통근시간 활용법 · 50
4　일을 단순화하는 기준 · 51
5　일은 가장 좋은 시간에 하도록 하라 · 55
6　체온과 일의 스타일을 개선하라 · 57
7　계절과 일의 함수관계 · 59
8　일터가 능률을 좌우한다 · 60
9　쾌적한 조명의 효과 · 61
10　좋은 안경은 시간 절약의 지름길 · 62
11　눈을 혹사시키지 말라 · 63

제3장 일의 정리 방법

1　무엇이든 메모하라 · 67
2　메모는 반드시 정리하라 · 67
3　하루의 예정표를 만든다 · 68
4　1일 예정표와 주간 예정표 · 69
5　제1순위 판단력 · 70
6　선견과 계획 · 71
7　15분 단위의 예정표 · 72
8　시간을 알려 주는 라디오 · 72
9　시계바늘을 앞으로 돌린다 · 73
10　월간 예정표 이용 · 74
11　예정표 작성 · 75

———————————————— 차 례☺

12 마무리하면서 다음 계획을 세운다 · 75
13 실행에 효과를 주는 메모 · 76
14 탁상 메모를 활용하라 · 77
15 철할 수 있는 카드의 활용 · 78
16 수첩을 항상 휴대하라 · 79
17 퍼머넌트 노트북 · 79
18 곳곳마다 메모지를 비치해 둔다 · 80
19 세일즈맨의 예정표 · 80
20 속기에 따른 시간 절약 · 81
21 필기구를 준비하라 · 82
22 예정표를 적절히 이용하려면 · 83
23 타인을 이용하는 효용 · 84
24 자질구레한 일은 가까이하지 않는다 · 85
25 일부러 천천히 하라 · 86
26 걱정거리는 던져버려라 · 87
27 결단을 내리는 훈련 · 88
28 회의 시간을 단축하기 · 90
29 요점은 정확히 캐치하라 · 91
30 미리 준비하라 · 92
31 회의 의사록을 만들라 · 93
32 가족회의의 의의 · 93

제4장 일을 진적시키는 묘책

1 한 번에 한 가지씩 · 97
2 아이젠하워의 방법 · 98
3 작업 변화의 효과 · 99

☺차　례 ────────────────────────────

4　집중적 예정표 · 100
5　일과는 빠르게 처리하라 · 101
6　책상과 사무실의 연구 · 101
7　새로운 형태의 책상 · 103
8　타인에게 빼앗긴 시간 · 104
9　방문객과의 시간 절약법 · 105
10　장시간의 회담은 삼가라 · 106
11　시간 분석과 재배분 · 106
12　사무실에서의 여유 시간 · 108
13　잡음은 시간 도둑 · 110
14　중단된 시간의 낭비를 최소화하라 · 111
15　사람들을 곤란하게 만들지 않으려면 · 112

제5장 기분전환법

1　하루의 시작은 신선하게 · 117
2　아침의 10분을 보람 있게 · 118
3　오전중의 기분전환법 · 119
4　오전중의 티타임 · 120
5　휴식은 신선한 활력소 · 121
6　점심시간 때의 기분전환법 · 122
7　애연가의 끽연은 일의 능률을 가져온다 · 123
8　기도에 의한 기분전환 · 124
9　하루를 마칠 때의 기분전환 · 125
10　낮잠의 효능 · 126
11　어디에서건 금방 잠들라 · 127
12　숙면은 시간을 절약한다 · 129

13 잠자기에 좋은 침실 · 131
14 수면시간은 되도록 짧게 · 132

제6장 인생관과 습관

 1 일할 의욕이 진취적이지 않을 때 · 137
 2 적극적인 기분을 강화하라 · 138
 3 현재의 일에 흥미를 가지려면 · 140
 4 열의를 가지려면 · 141
 5 자신에게 자극을 주자 · 143
 6 반드시 해내야 하는 일에 정신을 집중하려면 · 144
 7 적극적으로 생각하라 · 146
 8 즉시 실행하라 · 147
 9 '나태주의'를 극복하라 · 148
10 자신의 힘으로 착수하라 · 150
11 혼자서 일할 수 있게 하라 · 151
12 잡담 시간에 실행하라 · 153
13 감정 제어법을 배워라 · 156
14 잠재의식을 활용하라 · 158
15 시간을 낭비시키는 친구, 절약해 주는 친구 · 159
16 교제 시간을 활용하라 · 161
17 과감하게 일어나라 · 163
18 '아니오'를 익혀라 · 164
19 물건을 내다버려라 · 165

제7장 독서와 기억

 1 독서에 많은 시간을 투자하라 · 169

8

☺차　　례 ─────────────────────────────────────

2 신중하게 선택하여 알차게 섭취하라 · 170
3 속독법을 이용하라 · 171
4 가정에서의 독서법 · 173
5 문고판을 적절히 이용하라 · 175
6 음악에도 문고판이 있다 · 175
7 기억력을 향상시켜라 · 176
8 기억력을 늘리는 보강책 · 177
9 최소의 시간으로 최대의 효과를 올린다 · 179
10 눈에 띄는 곳에 보관하라 · 180
11 굿 아이디어 구상법 · 180
12 독서는 시간을 절약한다 · 181

제8장 시간을 절약하는 기술
1 전화의 효용가치 · 185
2 담당자와 직접 통화하라 · 185
3 전화하는 데도 때가 있다 · 186
4 잡담은 잡담일 뿐이다 · 187
5 전화의 올바른 사용방법 · 187
6 전보의 편리성 · 188
7 통신용 테이프 · 189
8 테이프를 이용하면 1인 2역이 가능하다 · 191
9 시간 절약 테이프 · 192
10 재고정리담당 테이프 · 193
11 수면중에 공부를 한다 · 194
12 수업시간 절약과 테이프 · 195
13 부모의 시간을 절약해 주는 테이프 · 196

14 사진을 이용한 시간 절약 · 197

제9장 잡무 정리
1 찾기 쉬운 곳에 보관하라 · 201
2 여분을 준비하는 습관을 길러라 · 202
3 각종 서류는 일목요연하게 · 202
4 기록은 망각과 분실 예방책 · 203
5 모든 일에서 시간을 절약하라 · 204
6 수취인으로서 편지를 쓴다 · 206
7 답장은 즉시 쓰도록 하라 · 206
8 여행은 지도와 함께 · 207
9 집을 꾸미는 시간 절약법 · 208
10 이사하는 시간 절약법 · 209
11 약속 시간에 대해서 · 210

제10장 주부의 24시간
1 부엌에서의 낭비 시간 · 213
2 부엌설비는 계획적으로 배치 · 213
3 저장과 준비로 시간 절약을 · 214
4 식료품은 냉동해서 보관하라 · 215
5 정리와 배열 · 216
6 배열시간 절약 · 217
7 설거지와 재료 준비 · 218
8 식기를 잘 닦는 법 · 219
9 종이제품 식기를 사용하라 · 220
10 청소시간 줄이기 · 222

☺차 례────────────────────────

11 목제품과 마루 손질법 · 224
12 유리창 청소법 · 225
13 전기청소기를 사용하라 · 226
14 은제식기 다루기 · 228
15 세탁시간 절약법 · 228
16 집안일과 더불어 하는 화장법 · 230
17 아이의 목욕시간을 이용하라 · 231
18 구매시간 절약법 · 231
19 식료품은 대량으로 구입하라 · 234
20 목공일은 자신의 손으로 · 236
21 가사 예정표 작성 · 238
22 가족은 절대적인 협력자 · 240

제11장 여가 이용법
1 관심의 폭을 넓게 · 245
2 사회 활동 · 246
3 취미 생활 · 247
4 아마추어 목수 · 247
5 아마추어 작가 · 248
6 시간 절약은 돈 · 249
7 아이들과 사귀는 법 · 249

해   설 · 252

이야기를 시작하면서

먼저 새삼스레 말할 필요도 없이 빈부귀천, 남녀노소에 관계없이 1일 24시간은 누구에게나 공평하게 주어져 있다. 그렇기에 우리는 내일의 시간을 앞당겨 사용할 수 없으며, 어제의 시간을 다시 돌려받아 사용할 수도 없다.

당신의 인생은 지금 현재 갖고 있는 24시간을 어떻게 효율적으로 사용하는가에 달려 있다.

그러나 세상에는 이처럼 귀중한 24시간을 20시간 정도로밖에 사용하지 않는 사람이 있다. 이처럼 시간을 운용하는 방법이 사람마다 서로 다른 이유는 무엇인가? 매사에 여유가 있으며, 남보다 즐겁게 인생을 살아가는 사람들의 비결은 과연 무엇인가?

'나는 하루를 어떻게 보냈는가'

친구들을 많이 만나고 싶었는데…….

읽고 싶은 책도 많았는데…….

음악을 듣고 영화를 보려 했는데…….

어제 세워두었던 계획을 실행하려 했었는데…….

정말로 나에게 시간의 여유가 조금만 있었더라면…….

당신은 한번쯤 이러한 생각을 해보았을 것이다. 머릿속이 이러한 생각들로 가득차서 조마조마한 적은 없었는가? 이것도 해봐야 되겠고 저것도 해봐야 된다는 긴장감과 압박감에 사로잡힌 적은 없었는가?

무엇인가 새롭고 흥미있는 것을 해보고 싶은데 시간이 없었다든지 그저 그런 생각만으로 하루를 흘려버린 적은 없는가?

당신은 하루하루를 살아가면서 당연히 얻어야 할 만족감과 충실감을 갖지 못한 채 불만을 가슴에 새겨놓고 있을지도 모른다. 이러한 태도는 대부분의 사람들에게서 볼 수 있는 현상이다. 그러나 이상하게 생각될지 모르지만 누구보다 바쁘게 보이는 사람들 중에는 자기의 맡은 바 본분을 충실히 해놓고 시간의 여유를 즐기는 사람이 많다.

그렇다면 그 비결은 어디에 있는가?

나는 뉴욕주에 있는 고향에서 고향일을 맡아줄 사람 두 명을 나의 친구와 찾고 있었다. 나는 고향일을 맡아해줄 사람으로 누가 적합한가를 놓고 여러 가지 검토를 했다.

"앤드슨이라면 적합할 거야. 그는 충분한 시간적 여유를 갖고 있으니까. 그리고 또한 고향일은 한번도 맡아본 적이 없는 베이커는 어떨까?"

그러나 내 친구는 이러한 후보에 관하여 별로 긍정적인 반응을 보이지 않았다. 그는 나에게 이렇게 충고를 해 주었다.

"고향일은 무엇보다 중요하기 때문에 한가한 사람은 안 돼. 정말로 바쁜 사람을 찾아야 한다. 바쁜 사람일수록 효과적으로 일을 완성시킬 수 있으니까. 별볼일 없는 일까지 애써 손보며 신경쓰지는 않을 테니까."

"어떤 방법으로 효과적으로 일을 처리할까?"

나는 다시 물었다.

"어떤 방법으로? 나 역시 알 수가 없다네. 하지만 그 사람에게는 그 나름의 요령이 있을 테지. 어때! 그런 사람에게 찾아가 직접 들어볼까? 아마 그런 사람들은 우리에게 들려 줄 수 있는 말이 반드시 있을 걸세."

나는 그가 말한 대로 실행에 옮겼다. 미국에서 성공한 다수의 실업가들로부터 얻을 수 있는 해답을 배워보았다.

그들은 한결같이 오늘이라는 하루 24시간을 무엇보다 효과적으로 사용하는 독특한 재능을 가지고 있었다. V. 필 뉴욕 시장, 로버트 와그너 씨 등등…….

나는 많은 사람들과 이야기를 하면서 그들에게는 시간을 적절히 운용할 수 있는 공통점이 있음을 알았다.

만약 당신이 매일 여분의 60분을 얻을 수 있다면 당신의 인생은 더욱 즐겁고 충만되어 있을 것이다. 또한 그것은 당신의 성공에 밝은 빛을 던져줄 것이고 업무적으로 보나 사적으로 보나 당신을 분명 한발짝 전진시켜 줄 것이다.

하루는 1440분이다

우리들은 누구나 똑같이 1일 24시간을 사용하고 있다. 다시말하면 하루는 그 24시간의 재산 중에 필요한 만큼의 시간을 빼서 쓸 수 있는 은행과 같다.

그러나 주어진 시간에는 한계가 있다. 그것을 당신이 어떻게 사용하든 그것은 당신의 자유이다. 나는 우리에게 모두 공평하게 하루 1440분이라는 시간이 주어졌음을 말하고 싶을 뿐이다.

어떤 부자도 시간을 사둘 수는 없다. 또한 가난하다고 해서 시간마저 조금 분배받지는 않는다. 시간의 문제에 있어서는 모두가 공평하다. 작가 아놀드 베네트는 이전에 이렇게 충고한 적이 있다.

"돈은 시간과 비교해 볼 때 훨씬 월등히 손에 들어오기 쉽다. 현재의 수입으로 생활이 어려우면 조금더 노력하여 돈을 벌 수도 있으며, 은행에서 빌릴 수도, 그외의 다른 방법을 취할 수도 있다. 그러나 시간을 할당받으려면 결코 쉽지 않다. 시간은 대단히 정연하게 되어있고, 엄격하게 제한되어 있다."

"시간의 세계에서 부유한 귀족이란 존재하지 않는다. 당신은 그 귀중한 일용품을 마음대로 낭비하고 있고 동시에 어디서든 귀중한 시간을 제공받을 수 없다. 당신은 바로 지금 이 순간에만 사용할 뿐이다. 당신이 내일을 지금 이 순간에 사용하는 것은 절대 불가능하다. 오로지 내일은 내일을 위해 남겨져 있을 뿐이다. 당신은 다음에 올 시간을 바로 지금 사용하려 해도 사용할 수 없다. 그것은 바로 그때에만 주어지는 시간이라 할 수 있다."

다음해, 다음날, 그리고 다음에 오는 어느 한순간조차도 당신은 활용할 수 없지만 시간은 당신을 위해 놓여있는 것이라 할 수 있다. 당신은 시간을 당신을 위한 것으로 활용하려면 할 수 있다. 하루 24시간을 당신은 어떤 방법으로 사용하여 왔는가? 아마 24시간 중의 8시간, 다시말해 480분은 수면을 취하는 데에 소비했을 것이다. 그리고 8시간은 작업을 하는 데에 썼을 것이다. 그렇다면 나머지 8시간이야말로 우리에게 주어진 가장 중요한 시간이다. 그리고 자유로운 선택이 가능한 시간이기도 하다. 하지만 사실 따지고보면 이 8시간을 하고 싶은 일에만 매달릴 수는 없다. 또한 이 시간을 풍요로운 여유가 주어지는 효과적인 시간이라고 말하기도 어렵다.

그러나 여기 당신의 걱정과 불안을 떨쳐버리는 가장 좋은 방법이 한 가지 있다. 그것은 다름아닌 시간활용법이다.

예를 들어 하루 여분의 60분이 있다 하고 그 시간을 충분히 활용하는 것이다. 사람을 만나도 좋고, 자신을 개발할 수 있는 시간으로 꾸며도 좋다. 취미와 휴식을 취할 수 있는 기회로 삼고 인생을 좀더 보람되게 살기 위해 노력한다면 당신은 새로운 길을 발견하게 될 것이다.

당신은 시간에게서 무엇을 원하고 있는가

시간활용법에 들어가기 전에 도대체 당신이 왜 시간활용법을 원하고 있는가를 명확히 할 필요가 있다. 확실한 목적, 다시말해 그 시간에 가장 하고 싶은 일이 무엇인지를 명확히 밝히는 것이 시간활용법의 첫째 조건이라고 할 수 있다.

그럼에도 우리들은 왜 이렇게 둔감할까? 시간활용법을 이용하려 하지 않는다.

그것뿐인가? 모처럼 주어진 시간을 다른 목적으로 사용하는 경우가 많다. 작가 테드 마른은 우리들이 시간을 필요로 하는 이유에 대해 다음과 같이 말하고 있다.

"오늘날처럼 다채롭고 흥미로운 삶을 보내는 시대는 일찍이 없었다. 시간의 여유가 있으면 못할 것이 하나도 없기 때문이다. 여행, 파티, 독서, 정원손질, 연구(硏究), 음악, 세계일주여행, 음악감상 등……. 이 모든 것이 실제로 누구나 할 수 있는 일이다. 우리들은 누구나 새로운 일을 하고 새로운 친구를 사귀고 취미생활을 하고 교양을 쌓을 시간이 필요하다. 그것은 우리들의 인생에 있어 무엇보다 중요한 것이 아닐까 생각된다. 그런데 우리들은 실제 생활을 함에 있어 해야 할 일이 너무 많음을 알고 무엇부터 손을 대야 할지 망설이는 경우가 많다. 그래서 막상 아무일도 하지 못한 채 흐지부지 되어버리기가 쉽다. 왜 그러한 일이 생기는 걸까?"

다음 주에 해봐야지, 내년에 해볼까, 우리는 흔히 그렇게 생각하지만 막상 그 기회는 쉽게 오지 않는다. 아마 하루 24시간 활용법을 알지 못한다면 그 기회는 영원히 오지 않을지도 모른다.

어떻게 하면 시간을 잡을 수 있을까

하루의 시간은 일정하다. 시간이란 결코 우리 마음대로 늘리거나 줄일 수 없다. 그렇다면 하루 24시간에서 60분의 여유를 새로이 획득한다는 것은 무엇을 의미하는가? 그것은 순간순간을 효과적으로 사용하는 것을 의미한다. 똑같이 주어진 시간이라도 무의미하게 보내는 것과 자기 자신의 것으로 만들어 보내는 것과는 대단히 다름을 알 수 있다.

『일에서부터 성공하는 비결』의 저자 도널드 A. 레어드 박사는 이렇게 말하고 있다.

"우리는 1톤의 철강을 운반하는 방법을 연구하고 자기의 차를 능숙하게 관리하는 것에 신경을 쓰고 또한 전등의 빛을 좀더 밝히기 위하여 반사경의 사용법에 골몰하지만 우리들 자신의 능률을 높이거나 재산을 늘리는 데는 시간과 머리를 쓰려고 하지 않는다."

그렇지만 반드시 그런 것은 아니다. 한번 묘책을 깨치기만 한다면 보다 신속하고 능숙하게 대처하는 방법을 발견할 수 있을 것이다.

능률연구가 메리 E. 캔들도 이렇게 말하고 있다.

"자기의 시간을 보다 효율적으로 사용하는 것은 일이든 일 이외의 활동이든 우리들의 생활을 보다 훌륭하게 해결해나가는 것을 의미한다. 이것은 쉽게 되지는 않겠지만 할 수 있다는 의지가 있다면 어려운 일도 아니다."

예를 들어 당신이 자신의 일에 관해 새로운 설계를 한다면 그리고 새로운 목표를 세워 자신의 시간을 무엇보다 효과적으로 활용한다면 당신은 현재보다 훨씬 즐거운 생활을 보낼 수 있을 것이다.

노력의 결과가 있는가

매일 한 시간을 획득하는 것은 결과적으로 효과가 있는 일일까? 하루 중에 일하는 시간을 8시간이라고 치면 하루 중에 한 시간은 일 주일에 7시간, 1년에는 365시간, 결국 45일분에 해당하는 특별한 시간이 생겨나는 것이다. 이것은 일 년에서 2개월간의 자유스러운 여분의 시간인 셈이다. 이 시간을 당신은 타인을 위해 써도 좋고 자기 자신의 성공을 위해 활용해도 좋다. 그동안 시간의 궁핍함에 쫓겨 하지 못했던 수양을 쌓아도 좋고, 현재 하는 일을 숙달시키기 위한 시간으로 써도 좋다. 아니면 가족을 위해 기꺼이 귀중한 시간을 투자할 수도 있을 것이다.

시간은 분(分)과 초(秒)가 모인 것이다

시간은 결코 끊어짐없이 흘러간다. 누구도 시간을 모아둘 수는 없다. 구두쇠가 되어 시간을 무조건 모아두겠다고 생각하지 말라. 그대신 단 20분, 또는 10분이라도 절약하는 자세를 갖자.

엘리노아 루스벨트 부인은 시간절약의 비결이라 하여 다음의 3가지 방법을 들었다.

(1)자신에게 도움이 되지 않는 일에 관심을 표하지 말라. 시간을 낭비할 수 있다.

(2)시간을 많이 요하는 일은 나중에 하고 간단한 것부터 빠른 요령으로 처리한다.

(3)2가지, 3가지 일을 동시에 할 수 있는 방법을 습득한다.

나는 이러한 루즈벨트 부인의 의견이 좋은 방법인지 아닌지 능률연구가들에게 물어보았다. 어떤 연구가는 "바로 그렇다. 우리들은 시간과 에너지의 75%를 잘못 예측하여 능률이 올라가지 않고 시간만 허비하고 있다. 발명가 중에는 현재의 기계를 단지 3%-10% 정도만 효과적으로 사용하는 방법을 제한한 것이 당치도 않게 능률을 올렸다는 사람도 있다. 물론 인간과 기계를 함께 비교하기란 어렵지만 ……."

프레드릭 W. 테일러 박사는 과학적 공장관리의 기초를 만든 사람으로서 다음과 같이 말하고 있다.

"우리들은 일을 하는 시간을 늘리거나 지칠 때까지 일을 하지 않아도 방법에 따라서 3배, 4배의 능률을 올릴 수 있다. 우리들은 가끔 능률이 올라가고 있고 일이 진전된다고 생각하지만 실제로 아직까지도 '개선의 여지'가 있다."

우리가 현재 하고 있는 것과 할 수 있는 것 사이에는 항상 상당한 차이가 있다. 이러한 차이를 가능한 한 좁히는 것이 이 책의 목적이라 할 수 있다.

어떤 방법이 있을까

자기 자신을 위한 시간을 획득함에 있어 우리들이 가장 먼저 해야 할 일은 최소의 시간으로 최대의 효과를 보는 것에 있다. 나시말하면 일을 빠르게 처리할 수 있는 테크닉을 길러야 한다. 그리고 일 분도 헛되이 보내기에는 아까운 시간이라는 생각으로 작업에 임하면 일의 능률은 저절로 오를 것이다. 자기를 위한 시간을 남겨 놓으려면 가능한 한 스스로가 노력해야 한다.

공장기술자들은 최대의 효과를 보기 위해 특히 고심한다. 그들은 하나의 과제를 받으면 먼저 일을 착수하기 전에 주의깊게 과학적으로 그 과제를 검토한다. 그리고 예측이 정확하게 서지 않으면 결코 일에 착수하지 않는다. 우리는 가끔 온정신을 집중해서 일을 해도 원하는 만큼 성과를 거두지 못하는 경우가 있다. 그러나 그들은 실제로 해보인다. 그들에게는 나름대로 그것을 쉽게 완성할 수 있는 비결이 있다.

내가 이 책을 쓰게 된 이유는 정말로 똑같은 원리와 용법에 관한 것에 있다. 단시간에 많은 일을 완수한다는 것에서 자신을 훈련한 사람들이 채용한 방법과 기술을 찾아내는 것이 내가 지금부터 하려는 일들이다.

물론 여기에서 찾은 방법과 생각들이 모두 마땅히 그래야 한다거나 이상적이니 반드시 실행해야 한다는 것은 아니다. 누구나 사실상 실천하기 어려운 문제일지도 모른다. 사실 이것들의 방법은 서로간에 모순된 점들도 없지 않다. 그리고 어떤 사람에게는 적합한 방법이지만 또다른 사람에게는 부적절한 방법일 수도 있다. 우리는 여러 가지 방법을 서로 연구 조정함으로써 자신에게 가장 적절한 방법이 무엇인지를 먼저 찾아낼 필요가 있다.

지도지침서를 활용하라

본서는 일종의 생활지침서로써 창의와 연구를 찾아내기 위한 책이라 할 수 있다. 단지 책장 속에서 썩어버리는 책이 아니라 각 페이지에서 자신에게 해당되는 경우와 실례를 그리고 여러 가지 아이템을 발견할 수 있는 책이다. 사실 일반법칙이라는 것은 그리 많지 않기에 당신은 당신 조건에 맞는, 그리고 당신이 생각하고 있는 여러 가지 아이디어를 합쳐 생각해 보면 좋다.

이 책 안에는 당신에게 주는 유익한 최선의 방법들이 제시되어 있다. 각 장(章)마다에서 펼쳐지는 아이디어를 당신의 것으로 만들어보라.

가장 먼저 아침 일찍 일어나는 습관부터 시작하여 당신의 하루 활동에 적합한 방법들을 연구하는 일까지 모두를 당신의 것으로 만들라.

연필을 손에 쥐고 자신에게 불만스럽고 의문나는 것이 무엇인지를 적어본다. 그런 다음 어떻게 해결할 것인가 차분히 종이에 적어보라. 이 책을 읽으면서 당신은 이것이다라고 생각되는 부분이 발견되면 즉시 메모를 하라. 그러한 행동은 당신을 위한 가장 좋은 트레이닝이 될 것이다. 그리고 거기에서 멈추지 말고 자신을 향해 다음과 같은 질문을 해보자.

①어떻게 하면 자기 자신의 생활에 적합한 응용방법을 연구해낼 수 있을까?

②자기 스스로 해야만 하는 일에는 무엇이 있을까? 또한 중지해야만 되는 일은 무엇일까? 새로운 방법을 찾을 필요가 있는 일은 없는가?

이러한 아이디어를 고정된 공식에서 생각하지 않으면 안 된다. 자신의 상황에 맞춰 적용해야 한다. 자신의 창조력을 바탕으로 새로운 연구를 형성해낼 수 있다. 사무적인 일을 운영하는 기술은 마을일을 보는 것과 같고, 가정일은 나아가 생각하면 직장일에도 그대로 적용된다.

사람이 과거로부터 해온 어떠한 방법을 항상 자기 자신에게 적용시키고 비추어 보는 행위는 매우 중요하다. 그러한 자세로 이 책에서 말하는 여러 가지 시간절약법을 실험해 본다면 반드시 당신에게 도움이 될 것이다. 실행만이 완성할 수 있다. 이것은 당신이 타이프를 배우고, 요리를 만들고 물건을 판매하는 방법과 같다고 본다.

'배움보다는 적용하도록 하라'라는 말이 있듯이…….

이 책은 당신이 오랫동안 지녀온 고지식한 관념을 배제시켜 줄 것이다. 우리들 주위에는 불필요한 것이 많고, 시대에 뒤떨어지는 방법이나 오래된 관습처럼 남아 있는 것이 많다. 우리는 불필요하다는 사실을 알면서도 오래된 습관 때문인지 새로운 방법을 포기한 채 예전 방법대로 해버리는 경우가 많다. 이러한 오래된 습관 때문에 간단히 단시간에 처리할 수 있는 일을 어렵게 풀어나가기도 한다.

그러나 무엇보다 간단히 할 수 있는 방법을 찾기 위해서는 결코 게으르면 안 된다. 그리고 민감해야 한다. 신체를 대신하여 두뇌를 움직이는 것은 그 사람이 사물을 보다 효율적으로 처리하는 방법을 찾는 지혜를 갖고 있다는 증거이다.

간단하고 편한 방법을 발견하려 노력하는 행위는 그 일을 보다 흥미있고 재미있게 만든다. 일정한 틀에 얽매인 연속적으로 해야만 하는 일이 있다면 그것을 과감히 손에서 놓는 것이 여러 가지 면에서 효과적이다.

이제부터 흥미를 갖지 못한 잡무를 처리하는 적극적인 방법을 획득하도록 하라. 재미있고 대담한 생활태도를 갖도록 하라. 언제나 흥미를 일으키는 일을 찾도록 하라. 그 일을 한층 능숙하고 신속하게, 그리고 능률적으로 처리하는 방법을 찾도록 하라. 그렇게 하면 어떠한 것을 하더라도 필요한 시간을 찾아낼 수 있는 열쇠를 손에 넣을 수 있다.

시간의 예산을 만들자

예산을 세워 꼼꼼하게 돈을 절약하면 근사한 자동차나 여행을 즐길 수 있듯이 하루의 시간을 꼼꼼하게 절약하면 당신은 보다 멋있는 생활과 환희를 느낄 수 있다. 예산을 세우는 것을 시간에도 적용하면 당신이 등에 짊어지고 있는 어렵고 복잡한 일들을 해결할 수 있다. 그리고 매일같이 무언가에 쫓기고 있다는 압박감에서 해방될 수 있다. 나아가 자유와 여가가 당신에게 주어질 것이다.

그렇지만 나는 이 방법이 누구에게나 적합하다고 강요하지는 않는다. 대강의 방법은 앞에서 이미 설명했으니 이제 당신은 그 귀중한 시간을 획득하는 일을 스스로 실천하는 일밖에 없다.

제1장
아침의 일과

무엇을 할까, 어디에서 어떠한 방법으로 살아나갈까. 하루를 시작함에 있어서는 한 가지밖에 없다. 눈을 뜨는 것이다. 그렇지만 가정에서 사무실에서 공장에서 어느 정도 일을 할 수 있을까. 사람을 만날 때에 좋은 인상을 줄 수 있을까. 하루의 컨디션은 어떻게 유지해야 할까.

이러한 모든 것은 아침에 어떻게 준비를 하느냐에 달려 있다.

1
기   상

미국에서 잘 알려진 연예인 아더 곱프리는 이렇게 말하고 있다.

"나는 어떠한 경우에도 하루에 20-50분을 절약하는 방법을 배워왔다. 아침에 눈이 떠지면 바로 일어나는 것이다. 눈이 떠졌는데도 침대 위에서 그대로 뒤척이는 행위는 시간을 많이 빼앗는다. 그래봤자 얼마나 차이가 날까 생각하겠지만 실제로는 상당한 차이가 난다. 그것뿐만 아니라 아침에 뒤척이면서 시간을 보내면 그 뒤에 오는 모든 일이 늦어지는 결과를 낳게 된다. 아침에 눈을 뜨자마자 이불을 박차고 일어나는 습관을 기르는 것이 시간을 얻기 위해 가장 먼저 해야 될 일이며 가장 손쉬운 일이다."

또한 전(前)우체부장관 짐 파레는 이렇게 말한다.

"일정한 시간을 정하여 그날 할 일을 제때 끝내는 것이 최선의 방법이다."

2
아침 일찍 일어나는 습관을 키우자

물론 아침 일찍 일어나기란 쉬운 일이 아니어서 고충이

따르고 나름대로 묘책도 필요하다.

버나드 T. 킴벨은 이렇게 말한다.

"나는 침대 위에서 그날 하지 않으면 안 되는 일들 가운데서 무엇보다도 가장 유쾌한 일에 관하여 생각한다. 어렵고 지겨운 일을 생각하면 일에 대한 의욕이 없어져서 침대위에서 쉽게 내려오고 싶지 않겠지만, 유쾌한 일을 생각하면 바로 일어나 일을 착수하고픈 의욕과 에너지가 생긴다. 그래서 나는 기상 전에는 항상 즐거운 일만 생각한다."

한편 사교계에서 널리 알려진 엘리자 맥스웰은 이렇게 말한다.

"저는 아침에 이불 속에서 우물쭈물하는 행동은 절대로 하지 않습니다. 전날 어찌 되어서 늦게 잤다 하더라도 아침에는 마치 어린아이가 크리스마스 아침을 기다리듯, 또는 숲 속으로 피크닉을 떠나는 듯이, 생기있는 아침을 맞이합니다. 연령의 차, 그것은 문제가 되지 않습니다. 이것은 어떠한 사람에게나 놀라운 효과를 주는 방법입니다. 이러한 방법을 실천하여 본다면 걱정스럽고 실망스러운 힘빠진 아침을 이겨낼 수 있을 것입니다."

3
음악도 효과가 있다

에머슨 라디오, TV회사의 사장 벤 에이브러햄은 다음과 같은 아침 기상 방법을 사용하여 하루를 남보다 더 상쾌하게 시작하고 있다.

그것은 잠들기 전에 알람이 설치되어 있는 라디오를 자신의 침대 머리맡에 놓는 것이다.

그것은 음악(아침이면 흘러나오는 음악)을 들으며 눈을 뜨게 해주고 아침 뉴스까지 들려준다. 즉, 침대 위에서 어느 정도 세상 돌아가는 뉴스를 알 수 있고 일기예보를 들으면서 그날 어떤 옷을 입고 나갈까를 결정할 수 있다. 이런 간단한 방법으로 그는 정보와 상쾌함, 여유 있는 아침을 동시에 얻는 것이다.

4
일은 재빨리 시작하라

상원의원 마거릿 C. 스미스 여사는 하루 중에서 최상의 시간을 아침시간을 이용해서 얻어내고 있다.

그녀는 이렇게 말한다.

"지금까지 나는 항상 다른 사람들보다 반시간 정도 먼저 일을 시작하는 것에 습관이 붙었다. 아침 9시 이전에 하는 일은 다른 시간에 하는 것보다 2배의 능률을 올릴 수 있다. 이른 아침시간을 일상적인 것에 소비하지 않고 특별히 가치있다고 생각되는 일에 투자하는 것이 무엇보다 효과적이고 확실한 시간활용법이다."

5
새벽시간을 이용하라

작가인 톰 마호니이 보고에는 이렇게 말하고 있다.

"하루를 보다 길게 사용하는 여러 방법 중에 최상의 방법은 새벽시간 2-3시간을 이용하는 것이다. 그 시간만큼 정신이 맑은 시간은 없다."

『선장이 아내를 놀라게 해준다』 등의 많은 작품을 쓴 윌리암 J. 레테라는 다음과 같은 방법으로 이것을 실행하고 있다. 그는 먼저 새벽 4시 반에 기상하여 8시까지 집필을 하였다고 한다.

"나도 힘이 들었다. 겨울의 매서운 추위라 할까. 그렇지만 나는 하려고 노력하였다. 하나의 힘이라 할까. 뜨거운 차 또는 수프를 마시고 그때부터 잠을 깨기 위하여 샤워를 한다. 때때로 나는 집필을 하기 전에 마음가짐을 가다듬기 위하여 앉은 채로 생각에 잠기기도 한다. 한 과제가 끝날 때마다 집안 분위기를 바꿔가면서 나의 머리가 맑아지도록 노력한다. 더구나 나의 몸 속에는 뜨거운 감정이 솟구쳐옴을 느낄 수 있다. 나는 일이 계속 진행되는 동안 다작을 하게 되었다. 오전 5시 반에 일어나 8시까지의 아침시간을 이용할 수 있게 되었다. 그것이 어느새 습관처럼 나의 몸에 붙었다. 바빠서 쓰기 어렵다, 아무것도 할 수 없다는 말이 단지 나는 게으르다는 말임을 확실히 보여주게 된 것이다."

6
침실에서도 일할 수 있다

눈을 뜬 상태로 침실에 있다면 침실 안에서도 일을 할 수 있다.

아메리카에서 유명한 부인인 도베 카라 데이비스 부인은 이것을 대단한 예술이라고까지 말한다. 그녀는 아메리카의 백화점과 의복 공장에서 새로운 패션을 개발하고 기획하며 고객을 위해 봉사하고 있다. 그녀는 자신이 관계하고 있는 가게에 매상 어드바이스를 하여 언제나 1000불 이상의 돈을 벌고 있다. 그녀는 2일 걸리는 일을 하루에 끝내버리는 그녀 나름의 독특한 방식으로 큰 성과를 올리고 있었다.

그녀는 아침 6시면 자동으로 눈을 뜨게 해주는 커피 메이커를 침대 옆에 놓고, 6시에 눈을 뜨면 조금 누워있는다. 그녀 옆에는 그녀가 항시 볼 수 있도록 서류, 보고서, 만년필, 그리고 메모용지가 놓여 있다.

"가족 누구에게도 피해를 주지 않고 또한 누구에게도 방해받지 않는 아침시간이 나에게는 의미가 있습니다. 나는 사무실에서 5시간 동안 할 일을 아침시간에 해치웁니다. '뉴욕 허럴드'지 기사를 쓰고 약간의 시간을 내어 필요한 독서를 하고 개인적인 편지를 쓰고 새로운 아이디어도 개발합니다."

"동시에 저는 적당한 휴식을 취하는 요령도 배웠습니다. 가끔 밤늦게까지 작업을 하여 일찍 잠이 들지 못했을 경

우, 시간을 내어 낮잠을 자기도 합니다. 그 결과 신선한
기분으로 일에 몰두할 수 있고 내가 나름대로 계획했던 일
들이 확실히 진행되어 가는 듯합니다."

1
침실에서는 이렇게 하라

영국 수상이었던 윈스턴 처칠은 아주 간단한 방법을 쓰
고 있었다. 처칠의 기상시간은 7시에서 8시 사이였다. 그
는 침대에 누워 산더미처럼 쌓여있는 신문을, 중앙지와 지
방지, 게다가 공산당의 데리워커까지 전부 읽는다. 신문을
읽으며 하루를 시작하는 것이다.

9시부터 점심식사 전까지는 침대에 누워 이런저런 구상
을 한다. 그의 측근은 다음과 같이 말한다.

"수상은 언제나 앉아서 해결할 수 있는 문제를 서서 해
결하는 것은 어리석다고 생각한다. 그리고 누워도 좋을 때
에 앉아있는 것 또한 어리석다고 생각한다."

그는 아메리카 합중국의 대사 윈즈코프 아루돌리치와 같
은 타국의 외교관의 공식 방문을 받을 때에도 침대에 누워
있었다. 그는 이러한 방법을 사용하여 하루에 2시간을 활
용하며 장수를 했다. 그의 저서『제 2차 세계대전 회고록
(第二次世界大戰回顧錄)』의 가장 마지막 권은 이러한 방법
으로 완성되었다고 한다.

8
화장실을 효과적으로
이용하고 있는가

예를 들어 눈을 뜨고 기상을 했을 때에도 우리들이 아침에 일상적인 일들을 함에 있어 시간을 낭비하는 경우가 있다. 그러한 경우 중에 하나가 화장실이 너무 작다는 것이다. 더구나 하루 중에 가장 바쁠 때 화장실이 작다는 것은 문제가 된다. 시간을 뺏기는 원인이 무엇인가를 알고 능률적으로 대처하면 큰 효과를 거둘 수 있다. 즉 시간을 뺏기는 원인이 화장실에 있다면 대책을 강구해야 한다. 예를 들면 매일 사용하는 화장품이나 머리빗, 그리고 면도기는 눈에 띄는 곳에 비치해 놓는다. 그리고 그밖의 가끔 사용하는 물건들은 선반 위에 정돈해 놓는다.

어느 조사기관의 통계에 의하면 100명 가운데 78명이 정리가 전혀 안 된 상태에서 막무가내로 화장실을 이용하고 있었다. 단지 스물 두 명만이 정돈을 해놓고 있었다.

9
작은 장소도 넓게 사용한다

화장실내의 공간이 작다면 몇 개의 선반 또는 수건걸이

를 준비하는 것이 좋다. 이러한 작은 도구가 자신도 모르게 큰 역할을 해주기도 한다. 이것은 벽을 헐어 넓히는 큰 공사는 아니지만 개인적으로 사용하는 전용선반을 준비한다면 많은 시간을 절약할 수 있도록 도와준다.

10
몸단장은 빠를수록 좋다

아침일과 중에서 가장 시간을 많이 잡아먹는 일이 옷을 입는 일이다. 물론 한가하고 여유있는 경우라면 즐거운 마음으로 많은 시간을 투자해도 좋다. 또한 특별한 약속이나 파티, 음악회 등에 초대를 받았다면 몸단장에 시간을 들이는 것도 좋다.

몸단장을 하는 시간을 조금만 절약할 수는 없을까? 거기에는 몇 가지 방법이 있다. 아이젠하워 대통령은 20분 이내에 목욕과 면도는 물론 옷까지 차려 입는다. 이는 보통 사람보다 10분-15분 짧은 시간이다. 그는 군대생활을 통해 몸단장을 빨리 하는 방법을 익힌 것이다. 그는 다음과 같은 방법을 사용한다.

①다음날 입을 옷을 그 전날 미리 정하여 놓는다. 돌연한 날씨변화에 의하여 옷을 바꿔입는 경우에도 무엇을 입을까 주저하지 말고 망설임없이 행한다.

②사관학교에서 최초로 배운 일과에 따라서 필요한 물건

은 모두 가까운 곳에 놓아둔다. 그럼으로써 더욱 시간을 절약할 수 있다. 아메리카 육군 사관학교에 다니는 학생들은 입학하자마자 여러 가지 물건을 적절한 장소에 정돈하는 방법을 먼저 배운다. 아이젠하워는 하급생일 때의 가르침을 결코 잊지 않았다. 그래서 그는 지금까지 시간을 절약할 수 있었던 셈이다.

전날, 내일을 위해 준비하는 1분1분은 하루 자고 나면 3배 4배의 가치가 있다.

11
몸단장은 옷부터 시작하라

몸가짐을 함에 있어 우리는 매너리즘에 빠지는 경우가 많다. 우리들은 무언가 즐겁고 특별한 장소에 가는 경우에는 재빠르게 몸단장을 하고 활기를 띠지만, 보통의 경우에는 심드렁하기 쉽다.

아메리카의 유명인 버트는 다음과 같은 제안을 한다.

①옷--언제나 옷걸이에 걸어둔다면 다림질을 할 시간을 줄이게 된다. 여기서 단추는 가급적이면 풀어두는 것이 좋다. 단추를 풀어 놓는 것이 자연스러운 모습으로 오래가기 때문이다. 바지 주름이 오래가기 위해서는 양복걸이에 걸어두는 것보다는 바지 전용걸이에 걸어두는 것이 좋다. 하루 정도 원래의 형태가 될 때까지 걸어두어라. 형태가

망가지지 않고 오래간다는 점으로 보아 이것은 다림질보다 월등히 높은 효과를 거둘 수 있다.

조금 더러워졌을 경우에도 가볍게 물로 빼주고 때때로 브러쉬로 먼지를 털어주면 결과적으로 클리닝을 하는 시간을 절약할 수 있다.

②넥타이--넥타이를 걸어둘 때에는 반드시 색깔별로 걸어두어라. 그러면 넥타이를 선별하기가 훨씬 수월하다. 그리고 넥타이를 풀 경우에는 너무 세게 당기지 말고 천천히 풀어주도록 한다. 당기면서 풀어주면 물론 빨리 풀 수 있을지는 모르지만, 넥타이 형태가 망가지기 쉽고, 그만큼 넥타이의 수명도 짧아진다.

③세탁--비용과 시간이 걸리는 드라이 클리닝은 시대가 흐르면 그 필요성이 점점 줄어들게 될 것이다. 가정에서 세탁을 하는 것이 시간을 절약하는 가장 좋은 방법이다. 또한 세탁물을 주었는데 세탁물이 되돌아오지 않는 세탁소와의 거래는 정말 시간낭비이다.

『에스콰이어』라는 잡지의 남자 패션기자이면서 『복식미술(服飾美術)』의 편집자이기도 한 오스카 슈프는 다음과 같은 제안을 한다.

"몸단장을 할 때에는 먼저 옷을 선정하고 그 다음에 그 옷에 맞는 셔츠와 넥타이, 양말, 구두를 선택하여 입어라. 그러면 시간의 낭비를 많이 줄일 수 있다. 여행을 할 경우에도 갈아입을 옷을 품목별로 정리해두고 메모를 하면 소지품을 찾는데 허둥대며 보내는 시간을 많이 줄일 수 있다. 가능하면 가방도 접고 펼 수 있는 것으로 선택하라.

한층 편리하고 시간도 많이 절약할 수 있다.”

12
부인들의 시간절약법

아메리카의 일류 디자이너 크레아 멕카텔은 복장과 시간의 낭비와는 밀접한 관계가 있다고 말한다.

“여성은 남성에게 종속되어 생활하고, 연약한 꽃과 같이 가냘픈 것이 아름다움의 기준이 된 적도 있었다. 그 시대에는 교차로도 혼자서 횡단하지 못하는 여성이 많았다. 그것이 여성답고 우아한 것이었으니까. 남성들이 난관에 부딪혀 힘들어할 때도 여전히 우아하게 아름다움만을 추구하는 것이 그녀들의 생활이었다. 그러나 오늘날에는 사정이 달라졌다. 여성은 남성과 평등한 지위에 오르게 되었고, 남성의 협력자로서의 위치를 확보하였다. 그 결과 복장의 변화가 불가피해졌으며, 새로운 모습으로 바뀌게 되었다.”

멕카텔 여사는 새로 선보인 복장들은 대부분 활동이 용이하게 되어 있어, 여성들이 일을 하고, 걸어다니고, 스포츠를 즐기게 만들었다고 말한다. 그래서 여성들의 활동 영역이 보다 넓어져서 그전의 무의미한 시간 낭비가 많이 줄어들게 되었다고 한다. 멕카텔 여사는 여성이 활동적으로 변한 것이 다행이라고 하면서 다음과 같은 충고도 덧붙인다.

①여러 가지로 활용할 수 있는 의상을 선택하라. 오늘날에는 폭넓게 응용할 수 있는 옷이 많다. 예를 들면 직장에 편하게 입고 나갈 수 있으면서 가정에서도 입을 만한 옷이 많다. 또한 파티에 입고 나가도 어색하지 않고, 아울러 손님이 왔을 때 입어도 멋져보이는 옷이 있다는 뜻이다.

②손이 많이 가지 않는 섬유를 선택하라. 울(wool) 쉐타는 그런 의미에서 아주 좋다. 다른 섬유보다 수납하기도 쉽고 여행가방에 넣어도 부피를 얼마 차지하지 않는다. 그리고 다림질할 필요도 없으며, 옷걸이에 걸어두는 번거로움도 없다. 세탁해도 불편이 없는 섬유가 시간의 낭비를 줄이는 데는 큰 몫을 한다.

③격식에 맞춰 옷을 고르라.

예를 들어 당신이 직장에 다니는 기혼녀라고 하자. 일을 끝내고 집에 돌아와서 옷을 갈아입는 5분이 아주 의미가 있다. 그 시간은 당신에게 정신적인 힘을 줄 뿐만 아니라, 저녁시간을 보다 훌륭하게 만드는 데도 한몫을 한다. 당신이 스포츠나 그외의 잡다한 일에 신경을 쓰는 만큼 의상에도 관심을 가져라. 가정에서의 당신은 직장에서의 당신과 마찬가지로 중요한 영향력을 갖고 있음을 명심하라.

앞에서 말했듯이 여러 가지 용도로 이용할 수 있는 아름답고 매력적인 옷을 선택하는 것도 중요하다. 또한 같은 옷이라도 조금만 신경을 쓰면 전혀 다르게 연출할 수 있다. 멕카텔 여사는 이렇게 말한다.

"주부가 직장여성일 경우 가정에서 옷을 선택할 때, 일하기 좋은 옷, 그리고 아름답게 보이는 옷을 선택하라.

잊지 말아야 할 점은 세탁하기 쉽고 다림질이나 드라이 클리닝을 하지 않아도 되는 옷이 좋다는 사실이다. 울이나 면제품을 선택하면 좋다. 게다가 뛰어다닐 수 있고, 활동하기 편한 운동화는 쾌적함과 에너지 증진에 좋다.

13
모 상원의원 부인이 가르쳐 준 비결

남편이 상원의원인 호마 파커슨 부인은 때와 장소에 맞는 복장이 시간을 많이 절약해 준다고 말한다.

"큰 옷장 따위는 필요가 없다. 오히려 여러 장소에 어울리는 한 벌의 옷을 선택하는 일이 중요하다. 그리고 다른 옷들과도 쉽게 매치가 되는 색채를 선택하는 안목이 중요하다. 어떻게 연출하느냐가 문제이다."

이때 액세서리를 이용하는 것도 품위 있는 몸단장이다.

14
특별히 만드는 옷

이태리 주재대사 크레아 브즈 루즈는 몸단장의 시간을

절약하는 방법에 관하여 이렇게 말한다.

그녀의 시간 절약 비밀은 바로 양복주머니에 있다. 주머니가 남자 양복에서처럼 넓게 만들어져 있는 것이다. 그녀는 그 안에 필요한 것--연필, 열쇠, 립스틱, 파우더, 동전--을 모두 넣고 다닌다. 그녀의 이렇게 말한다.

"이런 방법을 취하면 자기가 필요한 것을 핸드백으로부터 꺼내는 번거로움을 피할 수 있어요."

루즈 부인은 『화니티 페마』의 편집장이며 극작가로 명성을 날리고 있다. 그녀는 미모와 정치적 수완, 영리한 두뇌를 가지고 있다. 그녀는 실용성과 품위있는 아름다움을 갖추고 있는 경우이다.

15
간편한 복장에 대한 연구

기성복을 살 경우나 양복점에서 맞추어 입는 경우에도 다음과 같은 아이디어를 활용한다면 나름대로 시간을 절약할 수 있을 것이다.

상의의 오른쪽 주머니 안에 3개의 작은 주머니를 만들어 보라. 제 1의 주머니에는 돈을 넣어두고, 제 2의 주머니에는 지하철표나 버스표를 넣어두고, 제 3의 주머니에는 수첩이나 메모지를 넣어둔다. 그러면 필요한 물건을 언제나 신속히 찾을 수 있을 것이다.

또한 물건에 고리를 만들어두면 좋다. 가방이나 자켓, 셔츠 등에 고리를 만들어 두면 걸기 힘든 장소에도 고리를 이용하여 쉽게 걸어둘 수 있고 그럼으로 인해 시간을 조금이나마 절약할 수 있다.

셔츠에는 여분의 단추를 두 개 이상 준비해두라. 당신은 같은 종류의 단추 하나를 찾기 위해 고생한 경험이 있을 것이다. 그리고 가능하면 자켓의 소매 단추는 달지 않도록 한다. 별로 소용도 없는 자켓의 소매 단추가 떨어졌을 때 그것을 달기 위해 들이는 시간은 불필요하다. 약속 시간이 촉박한데 바느질을 해야 된다고 생각해 보라. 바지단을 올려 꿰매는 것도 그 곳에 먼지만 쌓일 뿐 별로 바람직하지 않다.

16
색에 따른 정리법

옷 맵시가 좋기로 유명한 로널드 콜만은 간단한 요령으로 몸단장을 하는 데에 드는 시간을 많이 줄였다. 그는 자신의 상의를 짙은 색으로부터 옅은 색으로, 바지도 같은 요령으로 정리를 한다. 그리고 양복을 꺼내 입을 때는 다 입은 후 같은 장소에 정리할 수 있도록 옷걸이는 그대로 옷장 속에 걸어둔다.

이보다 더 간단히 옷을 정리할 수 있는 방법은 없다. 넥타이와 구두는 색깔별로 구분해둔다.

17
찾기 쉽게 정리하라

백화점이나 상점에서 하듯이 깔끔하게 찾기가 용이하도록 정리를 하라. 만약 그렇게 하면 우리는 놀랄 만큼 시간을 절약할 수 있다. 넥타이, 구두, 바지 등을 넣어 두는 장을 용도별로 마련하여 정리를 하자. 한 곳에 여러 가지 물건을 한꺼번에 넣어두기보다는 가능한 한 그것들을 용도별로 분류하여 정리를 하자.

예를 들어 언더셔츠와 와이셔츠를 구분해 옷장에 넣어두면 옷을 찾기 위해 몇 군데의 장소를 옮겨다니는 번거로움을 피할 수 있다. 이때 양말은 가급적이면 구두와 가까운 곳에 배치하면 좋다. 그리고 넥타이는 와이셔츠 근처에 두는 것이 보다 효과적이다.

18
정리용 상자 이용법

미국의 제 1 실업가이면서 트럭 견인차 제조회사 사장이

기도 한 모이 블 하후는 아침의 촉박한 시간을 보다 효과
적으로 보내기 위해 연구한 것이 있다.

그는 양복장에 두 개의 플라스틱 상자를 놓아 두고 그 안에
지갑, 자동차 열쇠, 넥타이 핀 등을 넣어 둔다. 그 물건들을
찾고 싶으면 헤맬 필요없이 상자에 가서 뒤적이면 쉽게 찾게
된다.

이러한 방법을 쓰면 빠른 시간에 필요한 것을 찾아낼 수
있어 바쁜 아침시간을 적게는 5분 정도까지 벌 수 있다.

같은 목적으로 다음과 같은 방법도 있다. 그것은 어느
상점에서나 쉽게 볼 수 있는 상품구별법을 이용하여 양복
장이나 서랍장에 필요한 물품을 품목별로 정리하는 것
이다. 그러나 여기서 주의해야 할 점은 구별 정리를 할 경
우 지나치게 복잡하게 해서는 안 된다.

19
정리는 이렇게 하라

별도 품목들은 다음과 같은 방법으로 정리를 한다. 별로
사용하지 않는 품목은 선반 위쪽에 올려놓아라. 또한 상자
마다 그 안에 무엇이 들어있는지를 붙여놓아라. 계절이 지
난 것은 별도로 다른 상자에 넣어서 보관한다. 그 계절이
돌아왔을 때 바로 사용할 수 있도록 주의를 기울이자. 계
절별로 카바를 해두면 시간을 줄일 수 있다.

20
주머니 또는 핸드백을
미리 정리하라

당신은 매일 어떤 물건을 찾기 위해 애쓰고 있지 않은가. 또한 얼마만큼의 시간을 헛되게 흘려보내고 있지 않은가. 복잡한 주머니나 핸드백은 우리에게 많은 시간낭비를 가져다 줄 뿐이다. 주머니와 핸드백을 정리하는 시간은 불과 5분도 안 된다.

21
아침식사를 여유 있게 하는 법

우리들 대부분은 아침식사를 허겁지겁 먹는다. 시간의 여유가 없기 때문이다. 맛있게 아침식사를 먹을 수만 있다면 그날은 만사형통이다. 베페리스 농장주의 마카렛 라트킨 부인은 제빵업에 종사하여 크게 성공을 거두었다. 그녀는 현재 일 주일에 50만개의 빵을 생산할 정도로 그 분야에는 일가견이 있다. 그녀는 남편과 3명의 아들을 위해 식사를 만드는 일이 무엇보다 즐겁다고 하면서 다음과 같은 아침 아이디어를 실행하고 있다.

①부엌 도구를 정리하는 것--싱크대에는 식기를, 선반에

는 커피를, 그 옆에는 커피잔을, 서랍장에는 스푼을 놓는 식으로 정리하지 말고, 아침식사를 위해 필요한 물품을 따로 부엌 한켠에 놓아둔다. 그리고 물을 필요로 하는 물품은 수돗가 근처에, 불을 필요로 하는 물품은 불 옆에 정리를 한다. 그리고 식탁에서 식사할 때 필요한 물품은 식탁 위에다가 놓아둔다. 이러한 방법으로 오래된 습관을 버릴 수 있다면 동선이 많이 단축될 것이며 불필요하게 장소를 많이 차지하는 일도 차츰 없어질 것이다.

냉장고도 마찬가지로 정리를 해놓아야 한다. 아침식사에 필요한 버터, 베이콘, 계란과 우유 등을 여기저기 놓기보다는 한 장소에 보관함으로써 시간을 낭비하지 않고 아침 준비를 할 수 있다.

②일의 순서를 생각할 것--성급하게 하지 않아도 되는 일이 무엇인지 생각해보고 일의 순서를 차근차근 정해본다. 예를 들면 커피물을 올려놓은 다음, 냉장고에서 야채를 꺼내고 그 다음에 가스레인지의 불을 켜는 순으로 일을 차근차근 진행해 나간다.

22
그밖의 아침식사 연구

저녁식사가 끝나고 뒷정리를 마친 후 내일 아침식사 준비를 어느 정도 해두면 아침이 되어도 당황하지 않고 바쁜 아침시간을 많이 절약할 수 있다. 그리고 아침에 신문 읽는 시간을 줄이기 위해 식탁 옆에 TV나 소형 라디오를 놓아두면 식사를 하면서 뉴스를 들을 수 있어 좋다.

제2장
하루하루의 근무

우리들은 아침에 일어나 복장을 단정히 하고 아침식사를 한 후 노력을 집중하여 하루의 활동을 시작한다.

이 장에서는 하루하루 근무를 함에 있어 보다 효과적인 방법들과 아이디어를 제시하고 있다. 이 책에서 거론되는 아이디어는 당신으로 하여금 단시간에 맡은 일을 보다 효과적으로 할 수 있도록 도움을 준다. 그리고 한정된 시간 안에 무언가를 끝내야 한다는 압박감으로부터 당신을 해방시켜주는 기회를 마련해 줄 것이다.

1
주거지 선택

당신이 직장인이라면 시간을 절약하는 방법 중에 하나가 직장 가까운 곳에 사는 것이리라 여겨진다. 또는 당신이 사는 장소에서 가능한 가까운 곳에다 직장을 구하면 거리에 낭비하는 시간을 많이 줄일 수 있다. 작은 마을이나 농장에서 살고 있다면 문제가 되지 않지만 통근 거리가 먼 것은 의외로 부담이 된다.

'인생은 40부터'를 비롯하여 훌륭한 책을 30여권 편찬하여 세상에 널리 알려져 있는 월터 B. 비트킨은 그의 성공은 그가 걸어서 갈 수 있는 직장을 선택했기 때문이라고 말하고 있다. 그는 아침에 일어나서 아침식사를 하고난 후에 보통사람이 거리에 바치는 시간을 자기의 업무적인 일을 생각하는 데에 바쳤다.

최근에는 도심의 교통이 너무나 막히고 통근이 더욱 곤란해져서 도심으로부터 떨어진 공기좋은 교외로 본사를 이전시키는 회사도 점점 늘어나고 있는 추세이다. 만약 당신이 직장과 가까운 곳에 산다면, 그래서 일하기가 훨씬 수월하다면 당신의 월급은 그만큼 싸져도 되지 않을까 생각한다. 왜냐하면 당신의 월급에는 당신의 집에서 나와서 집으로 돌아가는 시간이 포함되어 있기 때문이다.

매일 통근시간이 2시간 적어진다면 적어도 20%는 매일 이득을 보고 있다는 결론이 된다. 경영자들은 교외나 작은 마을에 사무실 또는 공장을 세우는 일이 많아지고 있다.
이러한 추세는 이후에도 계속 늘어날 것으로 보인다.

2
통근할 때의 교통수단

어느 정도 자유스럽게 선택할 수 있다고 한다면 통근에
는 버스나 지하철을 이용할 수 있고 더 나아가 갈아타는
번거로움이 없는 곳에 위치한 직장을 선택하면 좋다. 대도
시 가까운 곳에 사는 사람들은 버스타는 시간이 10분에서
30분 이내의 장소라 하더라도 전철을 이용하면 좀더 먼곳
으로 나갈 수 있다. 반대로 집 근처의 길이 늘 막혀있는
지역이라면 거리상 가까운 지역이라도 시간을 많이 소비하
게 마련이다. 이점을 염두에 두기 바란다.

3
통근시간 활용법

통근시간에 신문을 읽는 일만으로 그치지 말고 좀더 유
익한 방향으로 활용한다면 아주 효과적이다. 많은 사람들
이 그렇듯이 나는 아침시간에 가장 상쾌감을 느낀다. 그래

서 아침식사를 하면서 신문을 읽고 교외에서 출발하는 전차 안에서는 하루의 계획을 세운다. 즉 여러 가지 업무를 생각하고, 논문과 저서의 편집을 어떻게 할까 궁리해 본다.

그리고 퇴근길에는 신문을 읽는다. 창의성과 신선함과 정력이 다소 떨어지기 때문에 편안하게 보내려 한다. 가장 중요하다고 생각되는 뉴스를 먼저 읽고 나머지 기사는 나중에 읽는다.

아침 전차에서 보내는 시간이야말로 하루 가운데 매우 가치있는 중요한 시간이라고 말할 수 있다. 실업가 중에는 이러한 방법을 자동차 안에서 사무실로 가는 도중에 실행하고 있는 사람들이 많다.

4
일을 단순화하는 기준

왜 그렇게 일을 어렵게 처리하는가?

단순하고 간단한 방법이 얼마든지 있는데. 시간도 많이 걸리지 않는데…….

일의 단순화라는 것이 매일 24시간으로부터 여가를 즐길 수 있는 시간을 만드는 중요한 비결의 하나이다.

그것은 한마디로 하나의 기술이라기보다는 하나의 생활철학이다. 그것은 대부분의 전반적인 일과 활동에 적용시

킬 수 있다. 일의 단순화의 근본은 자신이 하지 않으면 안
되는 일의 세부에 걸쳐서 정확한 지식을 얻는 것으로부터
시작해야 한다. 그리고 그 기초 위에 서서 비능률적인 부
분을 과감히 개선해서 개량하는 자세가 필요하다. 아직까
지도 대부분의 일을 함에 있어 비능률적인 부분이 한 가지
씩은 있게 마련이다. 다시말하면 오토메이션화되어있는 일
들조차 비능률적인 것이 있다는 뜻이다.

우리들 자신의 일에서 생기는 낭비는 일상생활에서도 큰
문제이다. 아마도 당신이 지금까지 말한 것과 같이 전문가
의 충고에 따라 그리고 다음과 같은 6개의 질문을 검토하
여 본다면 당신은 한층 효과적으로 일을 처리할 수 있는
방법을 획득하게 될 것이다.

①먼저 하루의 일에 순서를 검토하라.

안락의자에 앉아있기만 해서는 일이 어떻게 되어가는지
를 자신의 눈으로 확인하기가 어렵다. 우리는 행동을 통하
여 배우지 않으면 안 된다. 물론 다른 사람에게 부탁하여
어떠한 일에 대한 상황 보고를 받는 경우도 있을 것이다.
일의 방법을 목적, 실행, 결과로 분류하여 다음과 같은 것
을 검토하여 본다.

준비--필기 도구 또는 설비가 준비되어 있는가.

실행--그 일을 완성하기 위해 어떠한 노력을 했는가.

정리--사용했던 도구를 정리했는가.

②다음에는 지금까지의 일을 새롭게 생각해 볼 것.

그 결과를 통하여 일을 보다 빨리 보다 좋게 해결할 수
있는 방법을 찾아본다.

(a)도대체 그것이 왜 필요한가에 대하여 깊이 연구해 본다. 당신은 그 일을 단지 습관적으로 행하고 있지는 않은가. 대충하고 끝내고 있지는 않은가.

(b)그 일을 성취한다면 이전에는 없었던 무엇을 기대할 수 있을까. 필요도 없는 관례나 습관 등은 다만 낭비만을 초래할 뿐 아무것도 아니다. 불필요한 것을 제거하면 시간을 절약할 수 있다.

(c)어디서 일을 하는 것이 가장 좋을까. 부엌에서 강낭콩 껍질을 벗겨야 하는 이유는 무엇일까. 가족이 함께 정원에서 그 일을 할 수는 없는가. 서류를 안락의자에 앉아 볼 수는 없는가. 반드시 책상에 가서 서류를 보아야만 하는가. 손이 닿을 만한 장소에 화일 선반을 놓아두는 것은 어떠한가. 사무실의 통풍상태와 빛의 밝기는 좋은가. 그 모든 것에 있어 최선은 무엇인가.

(d)언제 그 일을 하는 것이 좋을까. 저녁준비를 하는 사이에 다음날의 남편과 아이들의 식사를 준비하여 아침의 바쁜 시간을 줄이면 어떤가. 또한 식사 준비를 하기 전에 다음 요리를 위한 물을 끓이고 있으면 다음 요리를 준비하는 시간을 절약할 수 있지 않은가.

(e)누가 그것을 하는가. 그것이 집안일일 경우 누가 그 일을 맡아서 하는가. 가족 가운데에 가장이 하는가? 주부가 하든지 아니면 자녀중에 한 명이 그 일을 맡아서 하는가? 일을 분담함에 있어 과연 누가 그 일에 적합하고 가장 잘해낼 수 있을까 생각하여 보라.

③새로운 방법을 찾아낼 것.

일이 잘 안 될 경우 상세하게 의문점을 찾아보고 상대방과--가족이든 종업원이든--무릎을 맞대고 상담하는 것이다. 서로 자유롭게 새로운 방법을 찾아보아라. 그리고 그것을 재검토할 때 다음의 다섯 가지를 명심하라.

(a)불필요하게 상세함을 추구하지 말라.

(b)가능하면 두 개 또는 그 이상의 일과 도구, 재료를 관련시켜 생각해 볼 것.

(c)일의 순서를 계통적으로 재편성할 것.

(d)세심하고 번잡스러운 것은 가능한 한 모두 단순화시켜 편리를 추구할 것.

(e)다음 일을 준비하는 시간을 미리 계획하여 알뜰하게 모아둘 것.

④새로운 방법의 응용

새로운 방법을 찾았다면 지금은 그것을 활용할 때이다. 실행은 이론과 똑같이 중요하다. 거듭 강조하지만 이론만을 알고 있을 뿐 행하지 않으면 아무 소용이 없다. 그 방법이 몸에 배도록 해야 한다. 자기가 결정한 이 새로운 방식이 과연 올바르게 잘 진행되어 가고 있는지를 가끔 확인해야 된다. 그리고 동시에 더 나은 새로운 좋은 방법이 없는가를 항상 탐구해야 한다.

기사(技師)로서 널리 알려짐과 동시에 한꺼번에 사면 싸게 된다 라는 책을 쓰고 아이들의 현명한 어머니로서도 유명한 리리안 길 프레스 박사 부인은 대부분의 일을 함에 있어 66%까지의 시간을 절약할 수 있다고 말한다. 부인은 75회째의 생일을 맞이하였으나 여전히 아주 많은 아이디어를 생각해내고 있다.

당신의 공장에 있는 종업원이나 옆집 사람에게 또는 친구에게, 아니면 선배나 후배에게 당신이 발견한 시간절약법을 얘기해 보아라. 그러면 아마도 좋은 결과가 있을 것이다. 그녀는 그렇게 역설하고 있다. 이상의 방법을 적용해서 매일매일을 맞이하고 알차게 보내보아라. 당신 자신의 반응과 연구와 개선방법을 검토하여 시간절약법에 관한 연구를 게을리하지 않도록 한다.

5
일은 가장 좋은 시간에
하도록 하라

'오늘 하루도 마치 대포의 탄환과 같이 흘러간다. 어떤 일을 하더라도 반 정도 시간을 줄일 수 있다.'

예컨대 어떤 일을 할 때 순조롭게 일이 진전되는 경우가 있다. 이것은 심리적인 영향일까. 사람에게는 좋은 날도 있고 좋지 않은 날도 있다. 또한 마찬가지로 좋은 시간, 좋지 않은 시간이 있는 것이다. 크게는 심리적인 작용도 무시할 수 없겠지만 같은 조건에서도 어떤 시간에는 능률이 현저하게 올라가는 것을 발견하게 된다. 그러나 능률이 올라가는 시간이나 시기를 모든 사람에게 똑같이 적용시킬 수는 없다. 당신의 능률이 올라가는 시간이 언제인지 관심을 갖고 검토하는 자세가 중요하다.

시카고 대학의 심리학자 나타니에르 클라이맨 박사는 수면에 관한 전문가일 뿐만 아니라 아울러 불면에 관한 연구가로도 유명하다. 그는 체온계를 사용하여 조사를 한 결과 우리들이 아침에 일의 능률이 오르는 것은 대부분의 경우 그 사람의 체온과 밀접한 관계가 있다고 말한다. 보통 사람의 체온은 화씨 98도 6부 정도이다. 그리고 완전히 건강한 사람이라도 하루에 3도 정도 체온이 상승하거나 저하된다. 이는 모두 정상이라고 말할 수 있다. 그 변화는 자고 있는 경우는 낮고 눈을 뜨고 있을 때에는 높고--다시말하면 신체라는 항로에서 불을 태우고 있는 것과 같은 것이지만--복잡한 정도를 반영하고 있는 것이다.

이 체온의 변화 형태가 일의 능률, 정신의 긴장 또는 행복감을 나타낸다. 사람은 누구나 아래의 3가지형 가운데 하나에 속해 있다.

①아침형은 용광로를 뜨겁게 달구어서 점점 식혀가는 타입이다. 이 유형의 사람들은 정오쯤에 활동력이 정점을 이루게 된다. 그리고 오후가 되면 서서히 냉각되어간다. 그래서 저녁이 되어 하루의 일과가 거의 마무리되어갈 무렵이면 거의 식어있다.

②저녁형은 대부분 아침에 일어나기 어려운 사람들이다. 오전에는 몽롱해서 대부분 활기차게 일을 하지 못하고 무기력한 모습을 보인다. 그러나 오후가 되면 저녁형의 사람들은 대부분 활기를 되찾으며 아침형이 아침에 달구어지듯이 오후부터 서서히 생기가 돌고 능률이 오른다. 저녁형이

밤늦도록 활동하고 있을 시간에 아침형의 사람들은 벌써 잠들어 있는 경우가 많다.

③제 3의 유형도 있다. 이는 양쪽의 장점을 함께 갖고 있는 행복한 사람들이다. 이 유형은 아침 일찍부터 활동을 시작하여 하루중에 잠깐 냉각되었다가 밤이 되면 다시 불붙기 시작한다.

당신은 이쯤에서 어떤 형에 분류되는가 냉정히 생각해 본다. 그러면 자신에게 가장 활동하기 적합한 시간이 언제인가를 발견할 수 있다. 당신은 중요한 일을 처리함에 어느 시간이 적합한가를 알고 그 시간에 집중하여 일을 하면 좋다. 당신이 능력 이상으로 일을 빨리 할 수 있는 시간이 언제인가를 다시한번 알아둘 필요가 있다.

그러나 그 시간을 너무 길게 잡지 말라. 자칫 두뇌와 육체 모두 무리를 하게 되어 오히려 일의 속도와 질을 떨어뜨리는 결과를 낳을 수 있다.

6
체온과 일의 스타일을 개선하라

당신은 결코 영구불변의 인간이 아니다. 다른 것과 마찬가지로 습관을 들이면 당신도 변할 수 있다. 예를 들면 아이젠하워 대통령은 아침 일찍부터 일을 하는 습관을 몸에 익혔다. 기상나팔로 아침을 시작했는데 오전 6시 30분보다 늦게 일어나는 경우는 없었다.

콘시틴은 오후 11시가 가까워지면 대통령의 모습에서 하품과 졸음이 눈에 띄게 나타난다고 말한다. 바로 이것이 그의 활동력을 둔화시키는 증거라 할 수 있다.

누구나 몇 주에 걸쳐 노력을 하면 체온과 일하는 스타일을 바꿀 수 있다. 어떤 친구는 능률이 최고가 되는 때가 언제인가를 결정짓기 위해 2주간 노력하기도 했고, 그 결과 오전 10시 30분부터 정오까지가 최고로 효과적인 시간임을 알게 되었다. 그래서 그는 중요한 일이나 결정을 내려야 할 문제는 모두 이 시간에 집중적으로 처리하였다.

그는 이렇게 말한다.

"나는 그 시간에 놀랄 만큼 많은 일을 하였다. 기분이 최고로 좋았고, 어떤 어려운 일도 쉽게 해결해 나갔다."

아침에 일어나서 체온을 올리기 위해서는 샤워를 하든지 목욕을 하는 것이 좋다. 또는 30분 정도 가벼운 체조를 하는 것도 좋다. 체온이 어느 정도 한번 오르면 그것이 상당 시간 지속되어 하루의 컨디션을 조절해 준다.

트루먼 대통령은 재직 중에 아침 산책을 통해 대단히 많은 것을 얻었다고 말한다.

대부분의 사람은 두뇌적인 일을 오후까지 몰고가는 경향이 많은데 다음 3가지는 기억하기 바란다.

①나중에도 천천히 할 수 있는 부차적인 일을 가장 좋은 시간에 사용하고 있지 않은가.

②기분이 좋지 않은 날에 충분히 할 수 있는 책상정리나

책꽂이 정리를 하고 있지 않은가.

③당신은 최상의 컨디션을 만들려는 양심적인 노력을 하고 있는가.

당신이 야행성이라 하더라도 시간이 늦어짐으로 해서 효과가 떨어짐을 명심하기 바란다. 그 이유는 아주 간단하다. 왜냐하면 우리는 모두 일정시간을 일하고 나면 어떠한 방법으로도 회복할 수 없는 어느 만큼의 에너지를 소모해서 휴식이 필요하기 때문이다.

당신은 하루 종일 일을 한 후에 또다시 몇 시간만 더 하면 나머지 일을 모두 끝마칠 수 있을 것이라 생각하곤 한다. 그래서 무리를 해서 밤을 새워 일하기도 한다. 그러나 실제로 일을 해보면 어떠한가?

당신은 피곤함을 느끼게 되어 생각처럼 능률이 오르지 않음을 경험했을 것이다. 이때는 이미 일을 하기 어려운 정신상태임을 명심해야 한다.

1
계절과 일의 함수관계

당신이 시간을 활용함에 있어 적절한 계절을 선택하는 것은 어떠한 일을 함에 있어 커다란 도움이 된다. 우리는 대부분 새로운 일에 대한 각오나 개인적인 희망사항을 신년 초에 정하곤 한다. 그런데 어떠한 결심을 하여 그것을 실행하는 기간을 4월부터 10월까지로 한다면 보다 좋은 결과를 얻을 수 있을 것이다.

예일 대학의 엔즈와스 행친론 박사는 우리의 신체 메커니즘이 효과적으로 움직이는 계절은 봄과 가을이라고 하였다. 이 계절을 이용하여 우리는 단시간에 많은 일을 할 수 있다는 뜻이다.

8
일터가 능률을 좌우한다

당신은 이렇게 말할지 모른다.

"우리는 장소가 어떻든 해야할 일은 무엇이든 한다. 일을 해결함에 있어 환경은 별로 영향력이 없다"라고.

물론 아인슈타인 등 소수의 사람들은 언제 어느 장소건 구애받지 않고 주의를 집중하는 능력을 가지고 있었다. 그러나 평범한 대다수의 사람들은 장소가 어떠냐에 따라 일의 능률이 오르기도 저하되기도 한다. 이것은 과학적으로도 증명된 바 있다.

캘리포니아 대학의 워나 브라운 박사는 학생을 두 조로 나누어 똑같은 일을 한 조는 더러운 방에서, 다른 한 조는 깨끗하고 단정한 방에서 하도록 지시했다. 실험을 하기 전에는 많은 학생들이 일의 능률과 장소와는 별로 관계가 없을 것이라고 말하였다. 그러나 결국 더러운 장소에서 일을

한 경우 쾌적한 환경에서 했을 때보다 일의 양과 속도가
저하됐음을 알 수 있었다.

9
쾌적한 조명의 효과

쾌적한 밝기는 일을 단시간에 해결하기 위해서 반드시
선행되어야 할 항목이다. 제너럴 일렉트로닉 회사의 실험
공장에서 일을 하고 있는 기사들은 조명을 새로이 바꾼 후
에 10%-30% 정도 생산량을 높였다. 당신도 가정이나 직
장에서 시도해볼 만하다.

공장에서 조명을 변화시키기란 물론 가정에서처럼 쉬운
일은 아니다. 가정에서야 조금만 신경쓰면 자기 마음대로
조명을 바꿀 수 있다. 그러나 직장에서는 아직까지도 조명
에 대해 별다른 관심을 갖지 않는 경영자가 있기 때문
이다. 이러한 경영자에게는 조명을 좋게 하면 생산량이 늘
어난다는 사실을 알려줄 필요가 있다.

쾌적한 조명을 설치해 달라고 요구하라. 옅은 색깔의 광
선과 램프는 음악을 듣고 휴식을 취할 때는 좋을지 모르지
만, 독서나 바느질을 할 때는 밝은 조명이 필요하다. 그러
나 적절한 조명도 불완전한 시력을 고쳐주지는 못한다. 조
명은 시력을 보호해주고 최대의 실력을 발휘하도록 도와주
기 때문에 좋은 일을 하려면 완전한 시력이 필요하다.

10
좋은 안경은 시간 절약의 지름길

당신의 눈은 피로를 느끼거나 밤이 되면 침침하다고 느낀 적은 없는가?

독서나 사무 또는 기계일을 할 때에 혹은 그밖의 일상적인 일을 할 때에 눈을 너무 혹사시키지는 않았는가?

현대인은 예전과 비교해볼 때 대단히 눈을 혹사시키고 있다고 생각된다. 일할 때에도 한가할 때에도, 쉴 때나 집안 일을 돌볼 때에도 전 미국인의 40%는 일의 능률을 십분 발휘하지 못했다. 아니 어떻게 보면 절반도 발휘하지 못했다. 그것은 그들이 시력이 나빠서 능률을 올리기에 시간이 많이 걸리기 때문이다.

피로, 비능률, 두통 등은 대부분 불완전한 시력에 원인이 있다. 그런 사람들은 적당한 안경을 사용하면 시력을 높일 수 있다.

미국의 큰 공장의 하나인 유니버스 렌즈회사 사장 쉐라도 와이즈는 시력검사의 시간 또는 경비, 안경 대금 등이 다른 것에 비하면 아주 싼 비용이라고 말한다. 눈이 나쁘면 행복의 대부분을 희생하는 결과를 낳는다. 또한 업무 수행에 대단히 많은 시간을 소비해야 한다.

당신은 스스로가 자신의 시력에 대해 이렇다하고 결정을 내려서는 안 된다. 먼저 안과 전문의를 찾아가 상담하라. 그리고 자신에게 맞는 안경을 쓰든가 치료를 하든가 어쨌든 적절한 방법을 강구해야 한다.

11
눈을 혹사시키지 말라

최대의 능률을 올리기 위해 눈을 적절히 사용하는 것이 시간을 많이 절약해 준다.

눈을 혹사시키지 않는 것, 그리고 눈을 부자유스럽게 하지 않는 것은 당신의 능률을 올리는데 있어서 큰 도움이 된다. 예를 들어 숙련된 타이피스트는 결코 손끝이나 키보드를 보지 않는다. 손이 자연히 타이프를 치면서 간다. 그리고 머리가 점점 일을 진행시킨다.

그녀들은 그저 무의식적으로 키보드를 치는 것에 가깝다. 그녀들의 눈은 다른 목적으로 쓰여지는 것이다. 즉 카피하는 원고의 일정한 글자배치나 여백의 일정한 공간 확보 등을 살펴보기 위해 쓰여지고 있는 것이다.

자동차의 운전도 같다. 특별히 브레이크 페달을 보려 하지 않는다. 감각적으로 기아를 바꾸는 것에 능숙해진 것이다. 그리고 눈은 항상 전방을 보고 있다. 가능한 눈을 사용하지 않고 손과 발로 일이 될 수 있도록 훈련을 하는 것이다.

제3장
일의 정리 방법

　단시간에 많은 일을 하기 위한 것으로 제일 중요한 것은 자기 나름의 독자적인 예정표를 만드는 것이다. 어떠한 사업가라도, 노동자라도, 또는 주부라도, 학생이라도 사무원이라도 모두 어떠한 예정표를 가지고 있다. 어떠한 것은 신경을 써야 되는 것도 있고 반대로 간단한 것도 있다. 그러나 명심해야 될 사항이 있다. 당신에게 가장 필요한 예정표를 만들 수 있는 사람은 오직 당신뿐이다.

1
무엇이든 메모하라

내가 알고 있는 사람은 언제 어디서나 시간도 절약하고 일의 정리도 도와주는 메모를 생활화하고 있다. 그는 자신에게 맞는 방법을 찾은 셈이다.

『지스 위크 메거진』의 편집자인 윌리암 니콜루스는 메모를 하는 행위는 하버드 대학에서 교육을 받는 정도로 가치있는 일이라고 말한다. 또한 니콜루스는 '하고 싶다라고 생각될 때 그것을 메모해 두어라. 낮이든 밤이든 메모에 따라 계획을 세운다. 나는 이것을 실행표라 부르고 있다' 라고 말한다.

이것은 시간 절약이 된다. 왜냐하면 이것은 당신의 일을 논리적, 순서적으로 정리해주기 때문이다. 당신이 결혼하여 부인이 있다면 그녀를 위하여 실행표를 만드는 것은 좋은 아이디어라고 생각한다. 이 방법은 그녀가 평상시 잊기 쉬운 것을 전부 기억하도록 도와줄 것이다.

2
메모는 반드시 정리하라

그런데 당신이 메모를 해두더라도 제대로 정리를 해두지

않으면 아무 소용이 없다.

　낡은 봉투 안쪽에 적어둔 메모를 포켓이나 지갑에 넣어
둔다든지 또는 벽에 핀으로 정리를 하든지 하여야 한다.

3
하루의 예정표를 만든다

왜냐하면 메모를 해두어도 그대로 잊어버리는 경우가 많기
때문이다.

　때로는 그것이 완성하기 어려운 일에 조그마한 힌트를
주는 경우도 있다. 기억할 수 있는 메모를 하는 것은 당신
자신을 위해 유익하다.

　사업가인 헨리 J. 카이자는 예전부터 이렇게 말하곤 하
였다.

　"제군들이 하나의 일을 어떻게 할까를 생각해 놓았다면
그 일을 반이상 달성한 것이나 다름없다."

　유명한 듀봉사의 사장 크로포드 H. 그리네월드는 미국
에서 최대의 독점자본가로도 널리 알려져 있는데 그는 시
간을 엄격히 정리하여 세밀한 예정을 세워서 계획있게 행
동하는 것으로 유명하다.

　그가 말한 바로는 계획해서 시간을 사용하면 3-4배의 시
간을 절약할 수 있다고 한다.

　우리가 할 수 있는 그의 아이디어를 몇 가지 소개하면

①어떤 일의 계획을 세울 때는 상세한 방법이나 절차만이 아니라, 그 일을 함에 있어 발생할 수 있는 장애나 문제점도 전부 써둔다. 그리고 일을 실행함에 있어 분별없이 광기적인 페이스로 달리는 것은 능률을 저하시킬 수 있으니 처음부터 평온한 페이스에 따르는 것이 좋다.

②전문적인 능률기사와 같이 엄격한 태도로, 매일매일 자신의 활동을 연구하라. 당신은 어떠한 다른 사람보다 자신의 일에 정통하지 않으면 안 되기에 일의 순서를 정할 때에도 보다 효율적으로 처리해야 한다.

4
1일 예정표와 주간 예정표

프레드 라쟈루스 주니아는 백화점 연합회 대표이기에 전국에 있는 주요 소매업의 현황을 언제든지 정확히 파악하고 있어야만 했다. 그 일을 완벽하게 수행해 내기란 여간 힘든 일이 아니었다.

그는 먼저 일 주일 단위의 예정표를 써서 그 가운데 먼저 해야만 될 일을 5개에서 10개 가량 선출한다. 그리고 그 일을 먼저 실행함으로써 매일 적어도 25분 정도 절약하고 있다고 말한다.

그는 시간이 부족해서 늘 골탕을 먹고있는 우리에게 이렇게 말한 적이 있다. 그의 말을 새겨들으면 시간이 부족해 쩔쩔매던 버릇을 고칠 수 있을 것이다.

"자신이 당면한 일 가운데 무엇을 먼저 할까를 결정할 때는 고정관념을 버릴 필요가 있다. 이것이 시간을 절약하는 최대의 비밀이다. 반드시 해야만 되는 일들 중에서 완성하고 싶은 생각이 드는 일들을 적어보라. 이때 제일 어려운 일부터 적어본다. 그리고 자질구레한 잡다한 일은 나중에 하도록 하라. 그런 일에 집착하다 보면 자칫 중요한 일을 놓칠 수 있다. 이는 쓸데없는 일에 시간과 노력을 쏟아붓는 결과를 낳을 수도 있다."

5
제1순위 판단력

심리학자 데이빗 시바리는 자기가 무슨 일부터 먼저 해야 하는지를 결정하는 능력을 '제1순위 판단력'이라고 이름 붙였다.

"자신의 머릿속 생각을 정리하고 어떤 일을 먼저 할 것인가를 결정하는 문제에서 움직이는 손만큼 유능한 것은 없다. 대부분의 사람들은 무엇이 중요하고 무엇이 덜 중요한가를 대충은 알고 있지만 그것을 어떻게 해야 하는지에 대해서는 상세히 생각하지 않는 경향이 있다. 일을 시작하기에 앞서 해야될 일을 모두 남김없이 적어본다. 그러면 필요한 일과 그렇지 않은 일을 확실하게 구별할 수 있다.

그리하여 그 가운데에서 가장 중요하다고 생각되는 일부터
먼저 하는 습관을 붙인다. 사소한 일에 얽매여 귀중한 시
간을 헛되이 보내는 일이 없어야 한다."

6
선견과 계획

RCA 회장의 데이빗 세노후는 30년 전부터 다음과 같은
방법을 실행하고 있다. 미래를 정확히 예측하고 거기에 맞
는 계획을 세우는 것이다. 그는 이러한 자기 나름의 방법으
로 큰 효과를 거두고 있다.

뒤엉켜 있는 여러 가지 문제들 중에서 우선 기본적인 문
제가 무엇인지를 빼내어 그것을 정리해 놓아라. 그리고 자
신의 먼 장래에 대해서도 예측하고 계획을 세워라. 물론
눈앞의 문제를 해결하지 못한 상태에서 장래에만 신경을
써서는 안 되지만…….

물론 바로 곁에 놓여 있는 일이 가장 중요한 일이라고 감
히 말할 수는 없다. 그러나 우리는 당면한 문제가 가장 중
요하다고 여겨질 때가 많다.

전체를 예측해보는 일, 그리하여 내가 지금 하려는 일이
과연 적당한 일인가를 눈여겨볼 필요가 있다. 만약 우리가
전체를 예측해보고 알맞은 계획을 세울 수 있다면 많은 시
간이 절약될 것이다.

7
15분 단위의 예정표

목사이며 저술가이고 미국 라디오 방송의 유명인이기도 한 다니엘 보올링 박사는 『크리스천 헤럴드』지의 편집자로도 일을 해왔다. 그의 왕성한 활동은 시간을 15분마다 분할하는 계획을 갖고 있었기 때문에 가능했다.

"수년 전에 나는 하루를 15분마다 나누었다. 그리고 프로그램을 만들었다. 그 결과 나는 20분-30분 걸리는 일을 15분으로 단축시키는 방법을 획득하게 되었다. 덕분에 나는 매일 1시간 또는 2시간 정도의 여유를 갖게 되었다. 현재 나는 오랜 습관으로 그런 구분이 필요없다."

"예기치 못한 사정으로 계획의 변경이 불가피할 때는 일정을 고치기도 한다."

그의 작은 수첩에는 먼 장래에 할 일들과 다음날, 다음주, 다음달에 할 일들이 적혀 있었다. 이 작은 수첩은 그에게 커다란 의미를 부여하는 셈이다.

8
시간을 알려 주는 라디오

주부 중에는 자신이 좋아하는 라디오 방송을 들으면서

가정일을 즐거운 마음으로 처리하는 사람도 많다. 아침을 먹으면서 라디오 뉴스를 듣고, 요리를 하면서 또다른 방송을 듣고, 15분간의 라디오 프로를 들으면서 집안 청소를 끝낸다. 그리고 음악 프로를 틀어놓고 옷장을 말끔히 정리하고, 식사 준비와 다림질을 하는 등 라디오 방송에 맞추어 일을 척척 진행해 나간다.

어떤 주부는 이렇게 말한다.

"저는 굳이 몇 시인지 궁금해서 시계를 볼 필요가 없습니다. 라디오 방송을 들으면 지금이 정확히 몇 시인가를 알 수 있기 때문입니다."

내가 이 책을 쓰기 위해 CBS 청취자에게 그들의 시간 활용법을 알아본 결과 많은 가정주부들이 음악을 듣거나 TV를 시청하면서 그 나름대로 일을 해나가고 있었다. 주부들이 좋아하는 라디오 방송을 들으며 뜨게질을 하거나 자수를 놓기도 하고 세탁물을 정리하기도 하는데 라디오 방송은 일의 진행속도를 향상시켜 주었다.

9
시계바늘을 앞으로 돌린다

어떤 사람은 시간을 절약하기 위하여 시계바늘을 앞으로 돌려놓는 방법을 쓰기도 한다. 그렇게 해서 적으나마 여분의 시간을 만들어 놓는다. 물론 이것은 실제로 시간이 늘어나는 것이 아니므로 하나의 속임수라 할 수도 있지만 결코 무시할 수 없는 방법이다.

1o
월간 예정표 이용

헨리 포드 2세는 다음과 같이 말했다.

"당신이 한 달 전에 계획하여 실천해온 일과 지금부터 하려고 하는 일을 비교 분석해보라. 그러면 매달 현저하게 진보하고 있음을 발견하게 될 것이다."

그는 지금부터 한 달간 해야할 일의 목록을 몇 가지 방법으로 달력에 써놓는다. 즉 하나는 일 주일 단위로 나누어서, 또하나는 매일의 예정표에 맞추어서 써놓는다. 이렇게 하여 일반적인 작업계획을 만든다. 그러나 포드는 계획이 지나치게 빨리 진전된다든지 막연하거나 불명확해지지 않도록 주의를 기울여야 한다고 충고한다.

"우리들은 자동차 생산을 위해서 3년이나 4년 뒤의 계획까지 세우지 않으면 안 되지만 개인적인 예정표 또한 무시해서는 안 된다. 하루를 알차게 보내고 나아가 한 달을 정리하기 위해서 예정표는 반드시 필요하다. 활동이 산만해지지 않도록 주의하면서 같은 일을 괜히 반복하지 않는다면 아마도 좋은 결실을 맺을 수 있을 것이다."

라고 거듭 강조했다.

11
예정표 작성

『타운 앤드 컨트리』를 편집하고 식품점의 지배인을 겸하고 있는 헨리 셀은 별도의 예정표를 만드는 연구를 하고 있다. 그는 하루에 한 차례씩 큰 종이 한 장을 꺼내서 거기에다 자기가 생각했던 모든 것을 차분히 써내려간다. 그는 이렇게 말한다.

"무엇을 해야 하는지를 한눈에 일목요연하게 볼 수 있기 때문에 나는 이 방법을 애용한다. 나는 그 많은 일들 중에서 가장 중요하다고 생각되는 일을 골라서 먼저 행한다."

12
마무리하면서 다음 계획을 세운다

별도의 예정표 작성에 대한 좋은 아이디어가 있다. 그것은 사무실이든, 공장이든, 아니면 가정이든, 하루의 일을 마무리하는 장소에서 짧은 시간을 이용하여 다음날의 예정표를 세우는 것이다.

예정표를 만드는 일과 더불어 하루를 점검해보면 좋다. 이때 만족스런 하루를 보냈다는 생각이 들면 안도감과 뿌듯함을 느끼게 된다. 그래서 저녁 시간을 보다 편안한 마음으로 보낼 수 있다.

엘리노아 루즈벨트 부인은 이러한 방법을 자주 사용하는 것으로 알려져 있다.

"전날 계획해 두었던 일은 갑자기 하는 일에 비해 절반 정도의 시간으로 끝낼 수 있습니다. 또한 쓸데없는 노력도 줄어들지요. 전날의 10분간의 메모가 다음날 행동에 커다란 영향을 주지요. 내일에 대한 불안이 머리에 남아 잠을 설치기보다는 예정표를 만들어 내일에 대처하는 것이 훨씬 바람직하지요. 이렇게 하면 다음날 신선한 기분으로 하루를 시작할 수 있을 것입니다."

웨스링 하우스 에어 프레이 회사 사장 에드워드 호쉘은 이것에 찬성하여 다음과 같이 말한다.

"내일 할 일을 미리 확실하게 메모해 두었기 때문에 밤에 사업상의 문제로 걱정할 필요는 없어졌다. 나는 정신적인 고민을 메모를 함으로써 어느 정도 해결할 수 있었다. 그리고 우유부단한 태도로 시간을 낭비하는 일이 없도록 스스로를 교육시켜 왔다."

13
실행에 효과를 주는 메모

하지 않으면 안 될 일을 전부 노트에 적어두는 것은 우리가 그것을 행동으로 옮길 때만 의미가 있다. 행동에 옮기지도 않으면서 노트에 적어두기만 하는 행위는 시간만 낭비할 뿐이다. 당신은 메모를 할 때 구체적으로 행동의 방향이나 방법을 제시해주어야 한다. 즉 막연하게 '정원손질을 할 것'이라고 적지 말고 구체적으로 적는다.

"내일 10시에 꽃집에서 화분을 두 개 주문. 창고에서 거름을 꺼내 화단에 뿌리고 꽃을 심는다."

14
탁상 메모를 활용하라

광고계에서 명성을 날리고 있는 세이롬 한마는 예정표를 작성하는 일이 아주 중요하다고 생각한다. 그는 자신이 거래하는 백 명의 연락처를 적어두는 탁상 메모를 만들어서 3일에 한번 또는 4일에 한번 꼭 전화를 건다. 그래서 친분 관계가 있는 사람들과 더욱 돈독한 사이가 되려고 노력한다. 그는 이렇게 말하고 있다.

"이러한 규칙적인 전화 덕분에 나는 많은 사람들로부터 조언을 들을 수 있었고 또한 주문도 많이 받을 수 있었다. 이것이 내게 놀라울 정도의 도움을 주었다."

이러한 아이디어는 일상생활에도 커다란 역할을 한다. 만나기 어려운 사람이나 참가하고 싶은 공연활동, 하고 싶다고 생각했던 일들을 탁상메모를 해두면 잊어버리는 일 없이 진행시킬 수 있다.

15
철할 수 있는 카드의 활용

팬 아메리카 항공회사의 창립자인 정 도리베는 그의 시간 절약의 비결은 철할 수 있는 수첩이라고 말한다. 그는 그것을 버스를 타거나 엘리베이터를 탈 때, 혹은 비행기를 탈 때도 반드시 주머니 속에 넣어가지고 다닌다.

그는 "이 카드의 장점은 복잡하지 않고 항목별로 정리를 해두었다는 데에 있다"고 말한다.

예를 들어 편지를 보내야만 하는 사람에게는 녹색카드를 사용하고, 전화를 걸어야만 하는 사람에게는 황색카드를, 가정이나 사무실에서 알게 된 사람에게는 청색카드를 붙여놓는다. 이렇게 카드를 찾아보기 쉽게 철해서 갖고 다니면 일을 할 때 시간을 많이 절약할 수 있다.

그레이 어드바타이징사의 부사장 에드몬드 리차는 이 카드의 또하나의 장점이 그 자체를 명함이나 주소록으로 활용할 수 있는 데에 있다고 말한다.

"생일이나 기념일, 아니면 특별한 날을 기억하기가 용이합니다. 크리스마스나 어떤 행사를 준비할 경우 명함을 찾기가 한결 쉽습니다. 또한 휴가를 보낼 때 경우에 따라 비망록으로도 사용할 수 있습니다. 그래서 이름이나 주소, 전화번호를 노트에서 찾아 따로 적을 필요가 없고 오래된 명부를 뒤적일 필요도 없습니다. 철할 수 있는 카드는 제일 간단한 정리방법입니다."

16

수첩을 항상 휴대하라

수첩이 시간 절약에 큰 몫을 한다고 하면 사람들은 의아심을 가질지 모른다. 그러나 한 권의 수첩을 다양하게 이용하면 아주 편리하다. 무엇보다 수첩을 효과적으로 활용하는 방법은 작은 지면을 3,4개로 구분하는 것이다. 바늘자국을 희미하게 남겨두어도 좋고 선을 그어도 좋다.

이러한 방법은 TV 기자인 이브 스타가 하고 있는 방법인데 그는 필요에 따라 각각의 페이지에 '상황' '귀중한 사람'이라는 난을 만들어 요점을 정리해 놓는다. 그리고 귀퉁이에는 치과의사와의 약속이나 거래처의 위치, 필요한 의류 등을 적어두는 난으로 사용하고 있다.

17

퍼머넌트 노트북

퍼머넌트 노트북 한 권은 잘 정리된 데스크 메모보다 더 중요시되고 있다. 예를 들어 나스콘사에서 만들어진 철할 수 있는 노트북을 살펴보면 하루가 5분씩 나누어져 선이 그어져 있다. 그리고 다른 페이지에는 주소와 전화번호, 관계사항 등을 써넣을 수 있도록 되어있다. 각 항목을 활

용한다면 언제라도 도움이 되는 기록을 찾을 수 있으며 나
중에 여러 가지 자료로도 이용할 수 있을 것이다. 교제,
법률상의 전반적인 문제까지 보충할 수 있게 써넣는다면
이것은 대단히 큰 도움을 줄 것이다.

18
곳곳마다 메모지를
비치해 둔다

주머니에 넣어두는 카드 이외에 집안의 다섯 군데 정도
에 메모를 할 수 있는 용지를 비치해 두면 편리하다. 즉
책상 위, 응접실 테이블, 부엌, 전화기 옆, 욕실에 메모
용지를 놓아둔다.

19
세일즈맨의 예정표

세일즈맨은 고객을 방문하는 순서를 일정하게 미리 정해
두면 시간과 노력을 적게 들이고도 좋은 결과를 얻을 수
있다. 또한 이것은 성공한 세일즈맨과 실패한 세일즈맨의
차이라고 할 수 있다.

　신용조사에서 국제적인 명성을 떨치고 있는 댄 앤드 브렛트 스트리트 회사는 다음의 아이디어가 무엇보다 큰 효과를 나타낸다고 말한다.

　①단지 어떻게 되겠지라고 말하는 사람보다는 관심을 가지고 유망해 보이는 고객에 정력을 쏟을 것.

　②고객에 관해서 보다 알려져 있는 사실을 기회로 하여 영업할 것.

　③영업은 그 고객의 지불능력을 살펴보고 그에 따라 주문량을 맞출 것.

　댄 앤드 브렛트 스트리트 회사의 판매 안내서는 간단하게 만들어져 있다. 국내 상공업자의 이름이 알파벳 순으로 적혀 있다. 그 이름은 사업의 종류와 신용 금융의 정도에 맞추어 분류되었다.

　이 리스트의 왼쪽 여백의 A라는 문자는 안내서 간행 전의 60일 이내에 그 이름이 새롭게 추가된 회사임을 세일즈맨에게 주의시켜 주는 것이고 오른쪽 여백의 C라는 문자는 신용 정도가 자주 바뀐 항목에 관하여 세일즈맨의 주의를 요하는 항목이다.

20
속기에 따른 시간 절약

　속기란 간단하고 빠르게 글씨를 쓰는 것이므로 시간을

많이 단축시켜 준다. 그러나 속기는 일정 기간에 걸친 훈련을 요하는 하나의 기술이라고 볼 수 있다. 속기 학교를 갖고 있는 속기 연구 소장 알렉산더 세우 박사에 따르면 속기는 그 이용 목적에 따라 여러 가지 방법이 있다고 한다.

속기술이라는 것은 잘 알고 있듯이 속기 부호에 따라 담화나 연설 등을 빠르게 적어두는 기술이다. 이는 몇 가지 원리를 적용하는데, 속기란 그리 어려운 것이 아니다. 속기를 하기 위해서는 일정 기간의 훈련이 필요하다. 대략 몇 주 정도를 연습하면 마스터할 수 있다.

21
필기구를 준비하라

곳곳에 메모용지를 준비해 두는 것과 같이 반드시 필요한 장소에 연필이나 펜, 또는 무언가 적을 수 있는 필기구를 놓아둔다.

파카펜 회사의 피터 롤만은 다음과 같은 말을 하였다.

"쇼핑할 품목을 적을 필요가 있는 주부들은 남편의 만년필을 찾는 등 사방을 뒤지면서 귀중한 시간을 허비하고 있다. 이것은 정돈이 안 된 가정에서 흔히 볼 수 있는 광경이다. 언제나 필요하다 싶은 장소에 펜이나 연필을 비치해 두어라. 책상이나 부엌, 아이들 손이 안 닿는 높은 선

반 위, 그리고 전화기 옆이나 침실 머리맡에 놓아 두어
라."

22
예정표를 적절히 이용하려면

지금부터 말하는 내용은 시간을 절약하는 데에 많은 도
움이 될 것이다. 그러나 무엇보다 다음의 것을 확실히 할
필요가 있다.

①반드시 해야만 되는 일

②그것을 하기 위한 일의 순서

위의 두 가지 사항을 염두에 두면 일을 무엇보다 신속하
고 효과적으로 완성할 수 있게 된다.

가정주부든 경영자든 일의 중심이 되는 사람은 사색가이
며 계획자이고, 관리자여야만 한다. 사고하고 계획하고 관
리하기 위하여 다음의 두 가지 기본적인 원리를 배우지 않
으면 안 된다.

①당신이 타인에게 시간을 부탁할 경우 어떻게 하면 타
인이 그 일에 흥미를 느낄 수 있을까를 늘 염두에 두어야만
한다.

②당신이 분담한 일을 처리할 때는 당신 자신을 단련시
키고 있다고 생각하라. 그리고 다른 사람이 이 일을 한다
면 어떻게 할 것인가를 상상해보기 바란다.

23
타인을 이용하는 효용

아메리카 에이리언즈의 사장인 스미스 씨는 말단 종업원에서 출발하여 세계적인 항공회사의 사장이 된 대표적인 사람이다.

얼마 전 나는 그에게 그의 이런 성공의 원동력에 대해서 물어 보았다.

거기에 대한 그의 대답은 이렇다.

"내가 처음 부하를 맞이하였을 때 그가 하는 모든 일이 마음에 들지 않았다. 시키고 싶은 일을 그에게 설명함에 있어 너무 많은 시간이 걸렸던 것이다. 나는 내가 하는 일의 반이라도 좋다고 생각하여 일을 맡겼다. 나는 일을 시키면서 설명을 해 주어야 했기 때문에 시간적인 부담이 더욱 늘어났다.

"결국 나는 하는 수 없이 다른 생각을 하게 되었다. 다른 사람에게 일을 제대로 시키지 못하는 책임은 나 자신에게도 있다는 생각이 들었다. 나는 완벽하지는 않더라도 능력 있는 사람에게 조언을 원했다. 그 결과 내가 훈련한 사람들은 나의 성공에 커다란 도움이 되었다."

당신이 우체국장이라면 아르바이트를 하는 젊은 사람들의 우편물 정리함을 어느 정도 파악하고 있어야 한다. 그리고 상점주인이라면 폐점이 임박하면 판매원의 마음이 들뜬다는 것을 알고 있어야 한다.

24
자질구레한 일은 가까이하지 않는다

물론 누구에게나 해군 작전부장 로버트 카네이 제독이 제창한 '자질구레한 일을 멀리하라'는 말을 적용시킬 수는 없지만 언제나 마음속에 담아두기 바란다.

11년간 그는 내무관리 조직의 전문가인 사관만을 부하로 맞이하였을 뿐 아니라 본래 제독의 일이 아닌 전반적인 일을 정리해 주는 특수 기능도 갖추고 있었다. 카네이 제독은 이렇게 말하고 있다.

"나는 능력있는 부관이 처리할 수 있는 일은 그 무엇도 나의 책상에 가져오는 것을 허락하지 않았다. 그리고 정책상 결핍이 있다든지, 큰 문제점이 있을 때만 나에게 도움을 받도록 지시했다. 그래서 나는 나의 전임자보다 약 15%의 결재 서류를 줄일 수 있었다. 이것은 감독을 소홀히 했다는 뜻은 결코 아니다. 반대로 나는 책임을 져야만 하는 일에는 오랜 시간에 걸쳐 심사숙고하였다. 사소한 일들은 다른 사람에게 맡김으로써 나는 보다 많은 시간을 시민들과 토론하는 데에 바칠 수 있었다."

카네이 제독의 교훈은 간단하다. 괜한 시간의 소비는 피하라는 것이다.

예를 들어 당신이 가정주부라면 자녀들이 스스로 할 수 있는 일은 그들에게 맡기고 당신은 곁에서 지켜보기만 하여라. 이때 자녀에게 책임의식을 심어주는 일도 중요하다.
그렇게 하면 아이들은 많은 잡무를 즐거운 마음으로 도와
줄 것이다. 쓰레기를 치우고, 마루를 닦고, 세탁물을 정리
하는 일을 도와줄 것이다.

간부사원은 사소한 일들을 부담없이 부하직원에게 맡기
곤 한다. 당신이 어떻게 대처하면 좋을까. 보다 효율적으
로 대처할 수는 없을까. 예를 들어 사무를 볼 경우, 당신
의 책상 위에 당신의 상사가 서류 뭉치를 한아름 놓고
간다면 당신은 이것을 깔끔하게 분류해 놓는다. 그리고 매
일매일 서류를 철해 놓는다.

"내가 쓴 편지는 어디에 있지. 몇 일에 썼었지."

만일 상사에게 이런 질문을 받게 된다 하더라도 당신은
당황할 필요가 없을 것이다.

25
일부러 천천히 하라

인디안 페트 밀 회사의 청년 사장인 제임스 로빈손은 메
모를 해놓고 그 일을 천천히 평가하는 것이 대단한 이점을
가지고 있다고 말한다.

"나는 그 순간에 일어난 어떠한 문제라도 즉석에서 해결
을 하지 않으면 안 된다고 생각해왔다. 나는 신경을 곤두
세우고 일에 몰두하였지만 언제나 틀린 점이 발견되곤

했다. 더욱이 많은 문제점이 해결되지 않았다. 그래서 나는 지금까지 그러한 서류는 '후일 재검토'라고 쓰여진 서랍에 넣어두곤 한다. 그 서랍이 차고 나면 나는 열어서 다시 검토를 한다.

26
걱정거리는 던져버려라

일하는 문제를 가정까지 끌고 오는 행위는 어리석다. 이는 자신을 괴롭히는 일일 뿐만 아니라 휴식을 앗아가 버린다. 그래서 다음 날에도 나쁜 영향을 미친다고 많은 비즈니스맨들은 말한다.

모자 제조업체인 프랑크 회사의 사장 제임스 리는 이렇게 말한다.

"에너지 소비를 어떤 식으로 콘트롤하느냐는 대단히 중요한 문제이다. 나는 전에는 일에 대한 걱정으로 퇴근을 해서도 안절부절못하며 시간을 보내곤 했다. 그러나 나는 생각을 바꾸었다. 그래서 퇴근 시간이 되면 걱정을 홀홀 털어버린다. 그리고 벽에 붙은 달력을 한 장 찢음으로써 하루를 마감하는 것이다. 다음날 아침 정신이 맑아질 때까지 일에서 해방되는 것이다."

걱정은 많은 시간을 필요로 한다. 실제로 일어날지 일어나지 않을지도 모르는 실패나 재난에 대한 걱정은 접어두

는 편이 낫다. 일어나지도 않은 일에 대해 걱정하면서 보
낸 시간은 어디서 보상받을 수 있겠는가?

내셔널 석재 회사 사장 메르빈 베카는 덧붙여서 이렇게
말한다.

"나는 퇴근을 할 때 필히 사무실에 서류 등을 놓고
온다. 왜냐하면 홀가분한 마음으로 휴식을 취하기 위해서
이다. 나는 이런 간단한 방법 덕분에 휴식시간에 골치아픈
적이 없으며 하루의 긴장과 피로를 말끔히 풀 수가 있
었다."

자신의 페이스를 지키는 것은 중요하다. 세계적인 러너
인 바버 누루미 선수는 상대방이 어떻든지 언제나 자신의
페이스대로 질주하였다. 그 덕분에 그는 우승을 하여 세계
기록을 갱신하곤 하였던 것이다.

사무실에서 밖으로 나가면 일을 잊어버리는 것이 좋다.
나가서 어디를 가든 상관없지만 다시 사무실에 돌아오기
전까지는 일에 대한 걱정을 접어두어라. 그렇게 하면 정신
적인 피로감이 많이 줄어들 것이다.

27
결단을 내리는 훈련

한 가지 걱정거리를 가지고 끊임없이 반복해서 걱정하는
태도도 바람직하지 않다. 티톤 고무 회사 사장 흐르드랜더

는 어떤 문제에 적당한 해결책이 나오지 않을 경우 다음과 같은 방법을 사용한다.

그는 사무실 벽에 붙어 있는 커다란 종이에다가 문제점을 모조리 적는다. 그리고 자신이 쓴 내용에 대해 상세히 검토하고 연구한다.

이 방법은 그가 법률 연구소 학생이었을 때 터득한 방법인데 곤란한 문제를 효과적으로 처리하는 데는 아주 좋다. 꼭 큰 종이가 아니라도 좋다. 칠판이나 눈에 띄는 곳에 문제점을 적어보면 한눈에 파악하기가 용이하다.

문제점이 무엇인지를 정확히 파악하고 그 해결 방법도 찾아보아야 한다.

우리는 어떤 문제에 당면했을 때 빠르게 행동으로 옮길 필요가 있다. 내 앞에 어떤 일이 닥치면 미적거리지 말고 신속하게 결단을 내리는 방법을 익혀야 한다.

최초의 소년단장이었던 에드몬드 라인하이마는 무슨 일을 함에 있어 빠르게 결단을 내리는 방법을 나에게 가르쳐 준 고마운 사람이다. 그는 식사 시간이면 내게 그린 프리아 호텔의 메뉴를 보여주곤 했다. 그리고 식사를 하는 데에 얼마만큼의 비용을 들일 것인가를 명확히 알려준 뒤 이렇게 덧붙여 말하곤 했다.

"이정도의 예산으로 영양이 골고루 들어있는 음식을 결정해 먹으렴."

이 훈련은 식탁에서 우물쭈물하는 나쁜 버릇을 고쳐 주었고 지금까지 알지 못했던 귀중한 시간절약법을 나에게 가르쳐 주었다.

28
회의 시간을 단축하기

사무실, 공장, 조합, 또는 가정에서도 우리는 집단적인 결정을 내려야만 되는 경우가 분명히 있다. 즉 우리는 많은 시간을 사람들과 회의를 하고 토론을 하는 데에 바친다. 우리들 대부분은 가정이나 사회에서 최후의 결정사항만을 통보받는 것을 언짢아하고 불만스럽게 생각한다. 그래서 대부분은 다수결의 원칙에 따른다든지 하는 식으로 집단적인 의사결정을 조급하게 내리곤 한다.

나는 여기에서 시간을 절약하고 나아가 최선의 성과를 올리는 아이디어를 하나 소개하고자 한다. 그 방법은 그리 어려운 것이 아니다.

필립 모리스사의 대표 회장 알프레드 리븐은 의견을 듣고 결정을 내려야 할 경우, 오후 늦게 회의를 소집한다. 그는 오후 늦게 회의를 개최함으로써 단시간에 회의를 마칠 수 있다고 말한다.

"많은 사람들이 빨리 집에 돌아가고 싶어한다. 그렇기 때문에 회의 중에 쓸데없는 발언을 하지 않는다. 그리고 회의 내용을 집중하여 듣는 경향이 있다. 그래서 보통 세 시간 정도 소요되는 회의를 오후 늦게 소집하면 한 시간 정도에 끝마칠 수 있다."

센트루이스, 포트랜트, 뉴욕 등지에서 신문을 발행하고 있는 뉴 하우스는 서서 회의를 하는 것으로 유명하다. 그

는 또한 사무실이 없다. 사무실에 앉아있는 대신 편집자나
직원이 있는 곳으로 가서 상담을 하고 공장을 둘러보는 것
이다. 그의 말을 들어보면 서서 회의를 하면 거드름을 피
우지 않게 되고 쓸데없는 말의 낭비를 줄일 수 있다고
한다.

29
요점은 정확히 캐치하라

증권회사의 사장인 아더 빈 센 파카는 이렇게 말한다.

"나는 일에 관한 회의는 점심식사 전에 하는 것을 좋아
한다. 모두 배가 고프기 때문에 시간의 낭비를 줄일 수
있다. 거드름 피우지 않는 자연스러운 상태로 토론이 가능
하다. 회의는 신속하게 진행한다. 회의가 끝나면 함께 식
사를 하면서 즐거운 대화를 나눈다. 그결과 두 시간 걸리
던 회의가 한 시간으로 단축되었다."

영화제작자인 사뮤에르 골드윈은 점심을 먹으면서 회의
를 하는 것을 원칙으로 한다. 그러나 이 경우에도 미리 오
후 1시부터 2시 반까지라는 시간을 정해 놓는다. 시간이
한정되어 있으므로 잡담은 삼가고 의제의 핵심에 관해서
만 주의깊게 논의한다.

로널드 레이건 대통령은 반대 생각을 가지고 있다. 그는
식사를 하면서 회의하는 것을 반대한다.

"식사를 하면서 가능한 회의라면 사무적인 편지나 전화로도 충분히 가능하다"라고 말한다.

광고업계의 실력자 라르후 메야는 그가 주최하는 모든 회의는 한 시간으로 한정하고 있다. 그는 한 시간이 지나면 벨을 울리라고 말한다. 그는 "한 시간 안에 결정이 나지 않는 논의는 그만큼 중요하고 커다란 문제라 볼 수 있다. 그러므로 좀더 개인적인 생각을 정리한 후에 다시 만나 처리하는 게 좋다"라고 말한다.

3o
미리 준비하라

시드니 브랭크는 다음의 4가지 단계를 거치지 않으면 그 의견을 회의에 제출하지 못하도록 하였다.

①의제(議題)를 주의깊게 검토할 것

②그 원인을 연구할 것

③가능한 해결책을 생각해둘 것

④권고안(勸告案)을 준비해둘 것

그는 이 원칙을 회의뿐만 아니라 전화에도 적용하고 있다. 그는 "이 방법을 사용함으로써 우리들은 사소한 일에 많은 시간을 뺏기지 않게 되었다. 게다가 우리는 회의를 열 필요조차 없는 일이 많음을 알게 되었다. 개인적인 대화를 통해서 해결이 가능한 문제가 많았다"라고 말한다.

파카 만년필 회사의 공장장 페르프 워카는 시간을 절약
하는 가장 좋은 방법은 과거의 결점과 실수를 눈감아 주는
것이라고 말한다. 이는 물론 자신의 일에도 해당된다. 과
거의 실수에 대해 너무 마음쓰지 말라.

31
회의 의사록을 만들라

국방차관이었던 안나 모젠파크는 회의를 할 경우 다음과
같은 방법을 권한다.

①15분 이상 계속되는 회의는 반드시 그것을 위한 의사
록을 준비하고 여러 사람이 돌려볼 수 있도록 준비할 것.

②구체적인 의제에 관하여 구체적인 기여를 하지 못하는
회의는 사전에 하지 말 것.

③결론을 제출할 때는 지연하지 말 것. 당신이 최후의
결론이 어떻게 될까를 알고 있는 경우는 더욱 그렇다.

32
가족회의의 의의

가정에서는 날마다 끊이지 않고 크고 작은 문제들이 발

생할 것이다. 이러한 문제를 적절하게 해결하는 방법은 없을까? 나는 무엇보다 가족회의를 권한다. 즉 일 주일에 하루를 가족회의의 날로 정해 함께 토론한다. 예를 들어 일요일 저녁을 가족회의의 날로 정했으면 그 시간에 맞춰 가족이 모두 한 자리에 모인다. 그리고 지난 일 주일 동안 발생했던 여러 가지 크고 작은 문제에 대해서 논의한다. 물론 해결 방안도 함께 모색해야 한다. 이때 의론을 길게 끌거나 쓸데없는 잡담을 해서는 안 된다.

우리는 가정에서 TV 채널 선택권을 놓고 마찰을 빚곤 한다. 그렇다면 일요일 저녁 가족회의를 통해 타협점을 찾아보라. 누가 양보할 것인가에 대해 많은 대화를 나누어라. 그리고 가족회의에서 결정된 대로 행동한다면 시간도 절약되고 기분도 상하지 않게 될 것이다.

제4장
일을 진척시키는 묘책

일을 함에 있어 신속하고 좋은 방법은 없을까? 사실 사람은 서로 다른 면이 있기 때문에 어떤 방법을 사용하라고 단호하게 말하기는 어렵다. 단지 몇 가지 아이디어를 소개하겠다. 이 장에서 소개하는 방법과 당신의 방법을 비교하여 자신에게 어울리는 새로운 방법을 창출하기 바란다.

1
한 번에 한 가지씩

무슨 일을 하든지 마음속에 깊이 새겨두어야 할 점이 있다. 그것은 바로 당신 자신의 개성에 맞는 방법을 찾아야 한다는 사실이다.

대통령 고문 버나드 바르크는 이렇게 말한다.

"나는 한 번에 한 가지 일만을 한다. 그러기에 시간을 절약할 수 있었다. 물론 어떤 사람은 두 가지 일을 한꺼번에 하는 것이 가능하다고 말하겠지만 나의 경우는 그렇지 않다. 나는 하나의 일에 몰두함으로써 내 능력을 최대한 발휘할 수 있었다."

『생활의 진정한 향락』 저자인 하이만 유다 샤하델 박사는 이렇게 말한다.

"나는 한 번에 한 가지 일을 계획하고 해결해 나가도록 자신을 훈련한다. 이것은 단지 예정표를 작성하는 것을 의미하지는 않는다. 두 가지 일을 하는 산만함에서 벗어나 한 가지 일에만 집중하면 훨씬 효과적이다. 그리고 한 가지 일을 모두 마친 후에 새로운 한 가지 일을 시작한다."

도날드 엘만 박사는 이렇게 말한다.

"당신이 하나의 일에만 관심을 갖는다면 당신의 능력은 한층 빛날 것이다. 이를 실천하기 위해서는 의지력이 필요하다. 주의해야 할 점은 의지력은 일을 하지 않고 방치해 두면 사라진다는 사실이다."

2
아이젠하워의 방법

아이젠하워 대통령은 한 번에 한 가지 일만을 하는 것을 반드시 지키는 사람이다. 그는 콘시다인에게 이렇게 말한 바 있다.

"대통령의 격무를 현명하게 해내기 위해 내가 터득한 방법은 한 번에 한 가지 일만을 하는 것이다. 그리고 나는 절대로 오늘 할 일을 내일로 미루지 않는다."

아이젠하워 대통령 비서인 제임스 하카디는 이렇게 말한다.

"대통령께서는 지금 해야 된다고 생각되는 일이 있으면 그것을 민첩하고 빠르게 해치운다. 그의 책상 위에는 그날 해야될 일이 정확히 기록되어 있다. 그는 편지에 대한 답장도 쓰고 개인적인 잡무도 본다. 어쨌든 그는 지금 처리할 수 있는 일에 대해서는 즉시 해치운다. 오늘 할 수 있는 일을 내일로 미루는 것은 어리석다."

"대통령께서는 문제가 발생했을 때 그의 부하가 명료하고 간결하게 의견을 말하기를 바란다. 빙빙 돌려 말하는 것을 가장 싫어한다. 그는 사고력과 판단력을 필요로 하는 일은 되도록이면 오전 중에 한다. 그리고 타인과 약속을 할 때는 몇 시에 만날 것인가를 명확히 한다. 그럼으로써 1분 1초도 낭비하는 법이 없다."

한 번에 한 가지 일만을 한다는 것은 일할 때는 열심히

일하고 쉴 때는 후회없이 쉰다는 뜻이기도 하다. 일하는
것도 쉬는 것도 아닌 어정쩡한 상태는 시간만 낭비할 뿐
이다.

3
작업 변화의 효과

부동산업에서 널리 알려져 있는 갑사의 사장 제리 필드
는 또다른 관점에서 이렇게 말한다. 그는 작업을 함에 있
어 변화를 줄 것을 충고한다.

"일을 할 때 언제나 뼈를 깎는듯한 고통이 수반된다면
이는 장거리 달리기에서 넘어질 정도로 빠르게 뛰는 것이
나 마찬가지이다. 매우 어리석은 일이다. 우리는 자신의
페이스대로 달려야 한다. 그래야만 지치지 않고 달릴 수
있다. 우리는 일을 시작한 지 서너 시간이 지나면 약간의
변화를 주어야 한다. '작업의 변화'란 휴식만을 의미하지
는 않는다. 일을 해나가는 방법에 있어서 새로운 것을 시
도하면 완성도를 높일 수 있다."

예를 들어 사무실에서 타이프 치는 시간을 저녁으로 바
꿔본다. 그리고 가끔은 청소기가 아닌 빗자루로 청소를
한다. 일반적으로 피로는 한꺼번에 퍼지는 것이 아니다.
그러므로 지친 근육은 쉬고 대신 다른 근육을 사용해 일을
한다면 짧은 시간에 큰 효과를 거둘 수 있을 것이다.

4
집중적 예정표

할 일이 산처럼 쌓여 있다면 우리는 우선 걱정부터 할 것이다. 그리고 무엇을 어떻게 해야 할지 당황하기 쉽다. 이제부터는 이런 경우 토마스 립톤 회사 사장인 로버트 스몰월트가 제안한 방법을 사용하기 바란다.

"일이 극도로 밀려있는 날에는 먼저 영양가가 듬뿍 담겨 있는 아침식사를 하라. 가능하면 충분히 즐겁게 먹어야 한다. 그리고 점심식사를 오후 3시로 늦추어라. 이렇게 하면 6시간 정도를 일에만 집중할 수 있다. 아침시간을 무의미하게 보낸다든지, 점심식사 때문에 바쁜 시간을 뺏기는 일이 없으므로 훨씬 효과적이다. 여섯 시간 동안 다른 곳에 정신을 뺏길 필요가 없으므로 일의 능률도 오를 것이다."

"반대로 오후 늦게 많은 일을 해치워야 할 경우 점심식사를 천천히 많이 먹고 대신 저녁을 8시 또는 9시로 늦추어라. 그러면 퇴근시 러시아워에 걸려 고생하지도 않고 오후 내내 같은 속도로 일을 진행할 수 있어 능률적이다. 2, 3일 걸리는 일을 하루에 처리할 수 있다."

물론 날마다 집중적인 예정표에 따라 생활한다면 무리가 갈 것이다. 그러나 집중적인 예정표를 다방면으로 활용한다면 많은 시간을 벌 수 있다. 시간을 효과적으로 보내기 위해서는 많은 노력이 필요하다.

5
일과는 빠르게 처리하라

리베아 서비스 회사의 사장인 시드니 조셉은 이렇게 말하곤 한다.

"우리들은 직장과 가정에서 매일 같은 일을 반복한다. 이것을 지겹다고 생각하지 말고 신속하게 처리해야 한다. 그리고 일을 신속하게 처리함으로써 생긴 시간은 창조적인 일을 하는 데에 소비하라."

일상적인 일을 빠르게 처리하는 방법을 찾아 보아라. 그리고 적어도 10일간 그것을 시험해 본다. 빨리 일과를 마치게 되어 여분의 시간이 생겼다면 그 시간은 당신만을 위해 사용하기 바란다.

6
책상과 사무실의 연구

미국의 경영자 협회 로렌즈 알프레이는 다음과 같은 방법을 제안하고 있다. 그것은 책상없이도 일을 하는 방법이다.

"나는 사무실에 책상을 놓지 않는다. 또한 나는 어떠한 서류도 기대하지 않는다. 나는 나의 예정 사항을 알고 있는 비서를 신뢰한다. 그리하여 사소한 일에는 신경쓰지 않으려 한다. 내가 적당한 행동을 할 수 있도록 도와주는 것이 비서의 임무라고 생각한다. 나는 사전에 내 예정을 짜놓고 비서는 내가 해야 될 일들을 쪽지에 메모하여 전달해주곤 한다."

사무실의 책상을 없애는 회사의 수가 점차 늘어나고 있다. 위압감을 주는 책상은 능률을 저하시킬 수 있다.

CBS 라디오 부사장 루이스 하우스만은 가구가 적은 것이 현대적이라고 말한다. 그의 사무실에는 2개의 안락의자가 있다. 그리고 작은 커피 테이블과 작은 의자 두어 개가 있다. 한쪽 벽에는 개인용 파일을 쌓아둔 선반이 있고 구석에는 전화가 놓여있다. 타이프라이터는 사무실 선반 서랍에 넣어두는데 이것은 루이스 하우스만이 월 1회 정도만 사용하기 때문이다. 창문 아래쪽에는 스테레오와 쿠션이 좋은 의자를 하나 놓아두었다.

하우스만은 일정하게 앉는 자리가 정해져 있지 않다. 어느 곳이든 앉을 수 있지만 전화 옆의 안락의자에 앉아서 일을 지시하거나 메모를 하고 독서를 하는 경우가 많다. 서류의 사인은 커피 테이블 의자에서도 하고 안락의자에 앉아서도 한다. 그는 이렇게 말한다.

"나는 책상이 정말 필요없는가 자문해보곤 한다. 우편물에 사인을 하고 보고서에 견해를 써넣고 사람을 만나는 데에 있어 책상이 필요한 것은 아니다. 일을 지시하거나 전화를 걸거나 회의를 할 때도 물론 마찬가지이다. 하루에 서너 번 비서가 편지와 메모용지와 서류를 들고 온다. 이것을 처리하는 곳은 앞에서 말한 커피 테이블이다. 커피 테이블은 신속하고 명확한 결단을 내리도록 도와준다. 결코 책상 서랍 속에 묻혀 잊혀져가는 서류는 없다."

하우스만과 방문객이 회의를 할 경우, 부동자세로 앉아 있지 않는다. 자유롭게 걷기도 하고 서있기도 한다. 방문객의 말을 들어보면 마치 자택의 응접실에 있는듯한 편안함을 느낄 수 있다고 한다.

자질구레한 일은 비서의 도움을 받으면 좋다. 책상없이 일을 함으로써 중역이라는 중압감이나 허울에서 벗어나 진짜 경영자의 입장에 설 수 있으며, 남는 시간은 사원과의 진솔한 대화나 자신의 시간으로 활용할 수 있다.

1
새로운 형태의 책상

그렇다고 책상을 모조리 치워야 하는 것은 아니다. 책상은 변형이 가능하다. 그럼에도 많은 경영자들이 책상 본래의 용도, 즉 무엇을 적을 때 책상이 필요하다는 점만을 고집하는 경향이 있다. 그래서 무거운 느낌이 드는 책상을 선호하고 두꺼운 판에 다리 네 개를 달아놓은 듯한 책상을 계속 사용하고 있는 것이다.

미르톤 피오는 연간 5000만 달러의 매상을 올리는 광고업자이다. 그는 장식용도 겸한 아주 작은 책상 하나만을

사용한다. 그리고 사무실 출입구 앞에 놓인 비서 책상에서
서류에 사인을 한다. 서류를 결코 쌓아놓지 않는다.

 자기가 하는 일에 맞추어 새롭게 책상을 설계하는 사람
들도 있다. 즉 기존의 책상에다가 파일용 서랍을 따로 설
치하고 책상 한쪽 구석에 전화를 놓을 수 있는 네모난 공
간을 마련한다. 사무실이 능률적으로 꾸며져 있느냐, 그렇
지 않느냐는 경영자의 손에 달린 것이다.

 시간을 절약하고 공간도 많이 차지하지 않는 책상도
있다. 즉 휴대가 가능할 만큼 작은 책상도 있고, 접었다
필요할 때 다시 설치하는 책상도 나와있다. 요사이는 서류
정리함이 함께 부착된 것, 안쪽에 기밀서류를 넣게끔 만들
어진 것도 있다.

8
타인에게 빼앗긴 시간

 다른 사람과 회담하는 것도 중요하지만 장시간을 회담으
로 허비하는 태도는 곤란하다.

 크레이 오디클럽사에 다니는 사람들은 타인에게 지나치
게 시간을 뺏기지 않는 방법을 의사에게서 배운다. 다시말
해 면담을 요구하는 환자들은 매일 몇 시부터 몇 시까지만
만난다거나 일 주일의 어느 날을 골라 면회일로 정하는 의
사를 본받는 것이다.

물론 아주 급한 경우는 예외이다.

당신이 유능한 비서의 도움을 받는다면 방문객들로 인한 시간의 낭비를 줄일 수 있다. 시간 약속을 정확히 하여야 한다.

9
방문객과의 시간 절약법

자신을 방문한 사람과 대화를 나눌 때는 어떤 방법을 쓰면 좋을까?

아메리카 정신병학계의 권위자 헤리 스타크 사리반은 이렇게 말한다.

"나를 방문한 사람들은 자기의 의견을 확실히 표현하지는 못하더라도 무언가 훌륭한 생각을 품고 있다. 그 요점을 신속하고 효과적으로 파악하지 못하면 서로간에 시간을 낭비하게 된다.

그렇다고 해서 상대방에게 무조건 질문만 하는 태도는 옳지 못하다.

당신을 찾은 방문객은 자신이 무엇을 원하고 있는지를 정확히 알지 못하는 경우가 많다. 그들은 당신의 이야기를 듣거나 당신이 해결 방법을 제시해 주기를 기대하고 있다. 이때 중요한 것이 상대방이 원하는 것을 빨리 파악하는 것이다."

10
장시간의 회담은 삼가라

면회를 할 경우에는 능률적으로, 그리고 실례가 되지 않게 해야 한다. 방문자와 대화를 나눌 때도 너무 지체하지 말아야 한다.

만약 방문객 가운데 장시간의 회담을 좋아하는 사람이 있다면 사전에 비서나 가까운 동료에게 적당한 시간에 회담을 그만할 수 있도록 요청해도 좋다. 때로는 방문객에게 '나는 몇 분 동안만 시간의 여유가 있다'고 명확히 밝히는 것도 좋다. 면회를 하기에 충분한 시간이 없으면 처음부터 고삐를 늦추지 말고 본론에 들어가야 한다.

신속하게 결론을 내리기 위해서는 사무실을 간소하게 꾸미는 것도 중요하다. 통로에 작은 테이블과 의자만을 놓고 간소하게 면회실 겸 응접실로 활용한다.

11
시간 분석과 재배분

아메리카 연구 소장 레오 쉐른의 조사에 의하면 많은 실업가들이 체계적인 계획을 세우지 못한다고 한다. 유럽의 실업가 12명을 살펴본 결과 단 한 사람의 실업가만이 정책

결정과 장기적인 계획을 세우기 위한 시간을 갖고 있었다.

그는 출근하기 전 한 시간 반 정도 가정에서 맑은 정신으로 일을 한다. 그리고 그 시간을 이용해서 체계적인 계획들도 세워놓는 것이다.

연구 결과에 따르면 일의 일부를 부하직원에게 의뢰하면 많은 문제가 해결될 수 있다고 한다. 바쁜 실업가가 모든 문제를 떠맡고 있는 것은 실업가의 어깨를 무겁게 만들 뿐이다.

'작업 분석표'를 활용하는 방법도 바람직하다. 일을 함에 있어 순서를 정해주면 시간이 단축된다. 순서를 정할 때는 다음과 같은 방법을 사용한다.

자신의 시간을 연구할 것.

그것을 색깔별로 나누어둘 것.

시간의 배분을 재검토할 것.

그러면 구체적으로 어떻게 하면 좋은가를 살펴보자.

①시간 사용 방법을 메모하라.

일상적인 일들로 짜여져있는 일 주일간을 골라 그 일을 시작한 시간과 끝낸 시간을 적어둔다. 예를 들면 9시--9시 30분이라는 요령으로 적는다. 일이 끝나면 즉시 기입한다. 작은 일도 빠짐없이 메모하며 일의 내용도 기입한다.

②색깔별로 분류하라.

'작업 분석표'에서 데이타를 써두었다면 이번에는 시간의 사용 방법을 분석하라.

그것을 색깔별로 분류해 보아라. 그 여러 가지 사항을 여러 가지 사항을 일정한 형태별로 다양하게 분석해 보는 것이다.

예를 들어 적색은 중역과 만난 일, 청색은 부하와 만난 일, 녹색은 일반적인 사무를 위한 일, 이런 식으로 분류한다.

③시간의 배분에 유의하라.

당신의 활동을 분석한 결과에 따라 당신은 시간의 재배분을 할 수 있다. 색깔별로 분류한 것을 자세히 살펴보면 자신이 더 치중해야 될 일이 무엇인지 알 수 있다. 그리고 당신의 일이 몇 가닥으로 나누어져 있음을 알게 될 것이다.

12
사무실에서의 여유 시간

대단히 바쁜 경영자들은 어떻게 여가를 만들어낼까? 그들이 사용하는 아이디어 몇 가지를 소개해 보자.

①혼자 있는 시간--어떤 경영자는 매일 일정한 시간 동안 사무실 문을 걸어놓는다. 그리고 그 시간에는 전화도 받지 않는 방법을 사용한다.

②비밀의 사무실--다른 사람에게 방해받지 않기 위해 어딘가에 몰래 사무실 하나를 더 갖고 있다. 어떤 사람은 같은 건물 안에 마련해 놓기도 한다. 그러한 비밀 공간은 그들이 편안히 쉴 수 있는 휴식처가 되는 것이다.

③침대에서도 일을 한다--뛰어난 경영자들 중에는 침대를 잘 활용하는 사람이 많다. 그들은 '왠지 몸이 좋지 않아'라고 생각하며 침대에 들어간다. 가족들은 그를 위해 가벼운 식사를 만들어 주고 편안히 쉴 수 있도록 배려를 한다. 이들은 침대에 누워 딱딱하게 굳어진 머리를 풀어주며 아이디어 창출과 계획을 세우기도 한다.

④일일 2교대제--호프만 라디오 회사의 광고부장 죠지 헤이킴은 특별한 방법을 제안한다. 그들은 1시부터 일을 시작한다. 즉 1시부터 5시까지는 질문에 대답한다든지, 다른 사람과 토론을 한다든지, 집회에 나간다든지, 전화를 거는 등, 사람들을 만나는 일에 주력한다. 그리고 5시부터 9시까지는 타인에게 방해받지 않는 자신만의 시간으로 활용한다. 그는 이 네 시간을 아이디어를 창출하고 창조적인 일에 쓴다.

사실 이러한 방법은 버지니아 주 리치몬드 뉴스 리이더지의 편집자이고 전기작가인 더그라스 후리만 박사에 의해 알려졌다. 후리만 박사는 1953년에 세상을 떠났지만 생전에 20여 개의 연구소로부터 명예박사 칭호를 받았으며 라디오 강연에서도 국제적인 명성을 날리곤 하였다.

그의 일하는 방법은 독특한 것이었다. 67세로 세상을 떠날 때까지 그는 오전 2시 30분에 기상하여 3시에는 책상으로 가는 습관이 있었다. 그는 우선 뉴스전보의 화일을 읽고 세상만사에 대해 나름대로 사설을 써내려간다. 8시까지는 2,3개의 단평을 주제로 하여 라디오 토론회 준비를 해둔다. 12시 30분이 되면 그는 신문사 편집실을 떠나 점심을 먹는다. 그리고 낮잠을 자기 위해 집으로 돌아간다. 그는 이 시간부터 역사가와 전기작가로서의 하루를 시작하는 것이다.

이러한 요령으로 그는 4권의 로버트 리 전과 6권의 조지 워싱턴 전을 완성시켰다. 또한 그는 후에 프린스턴 대학 출판국으로부터 간행된 토마스 제퍼슨의 52권에 달하는 총서의 자문위원 의장으로 진력하셨다.

13
잡음은 시간 도둑

잡음은 정신을 분산시키는 시간 낭비자이다. 그것은 우리들의 능률을 저하시킨다. 오늘날 여기저기에서 잡음이 우리를 괴롭히고 있다. 우리들은 잘 느끼지 못할지도 모르지만 실제로 위, 내장, 근육에 잡음은 강한 영향을 준다. 그리고 불안과 공포를 일으키는 원인이 된다.

잡음은 심장의 박동을 빠르게 하며 혈압을 높이고 근육의 긴장을 증대시킨다. 우리는 잡음에 익숙해지면 그것에 대해 별다른 주의를 하지 않는 경향이 있다. 그러나 잡음은 언제나 신체에 악영향을 끼친다.

그러므로 우리는 잡음을 제거하기 위한 노력을 강구해야한다. 만약 당신의 문 손잡이에서 삐걱거리는 소리가 나거든 어서 방법을 강구하라. 소리가 안나게끔 고무를 대든가 기타 다른 방법을 사용해서 잡음으로부터 벗어나야 한다.
기름을 칠해두는 방법도 좋다.

그리고 창틀은 소리를 흡수하는 재료로 만드는 것이 바
람직하다. 잡음으로부터 벗어나기 위해서는 벨트, 고무를
활용하라. 데지벨(잡음의 강약을 측정하는 단위)의 높낮이
에 따라 사무실에 방음장치를 설치해도 좋다. 그리고 만약
그것이 여의치 않으면, 다른 사무실을 찾아보는 것도 고려
해볼 만하다.

14
중단된 시간의 낭비를
최소화하라

①당신은 눈코뜰새없이 바쁠 때, 전화벨이 울리거나 초
인종 소리가 나도 그것을 무시하는 경우가 있을 것이다.
때로는 필요에 따라 스위치를 꺼버리는 방법도 생각해볼
만하다. 그것은 전화벨이나 초인종 소리를 무시하는 것
보다 효과적이다.

②적합하지 않다고 생각되는 시간을 애써 활용하기보다
는 그 시간을 피해서 일을 진행시키자. 점심시간을 굳이
약속시간으로 정해 기다리는 데에 허비하지 말고 그 시간
을 피해서 업무를 보는 것이 좋다.

③당신에게 잡음을 선사하는 방해자가 있다면, 천장을

처다보든지, 창문을 물끄러미 바라보아라. 방해자는 아마 눈치를 채고 제자리로 돌아가 조용히 앉아있을 것이다.

④작가인 윌리엄 레데라는 이렇게 충고한다. "방문객이 10시가 넘었는데도 돌아가지 않는다면 하품을 하라. 아니면 기지개를 켜든가. 술과 얼음을 몇 번씩이나 내놓으면서 대접할 필요가 없다. 졸리면 잠을 자도 괜찮다. 이것이 널리 알려지면 분명히 친구들은 당신이 좋아하는 시간에 당신을 방문할 것이다."

레데라가 말하고 있듯이 이러한 경우 부인에게 도움을 요청해도 좋다. 부인은 "당신 피곤해 보여요"라든지 "내일 새벽에 일어나야 하지요?"라고 말해 줄 의무가 있다.

방문객이 돌아가도록 하는 것이 처음에는 마음에 걸릴지도 모른다. 그러나 미적거리면 시간의 낭비를 가져오고, 나쁜 결과를 초래하게 된다. 그리고 나아가 당신의 실패를 타인의 책임으로 돌릴 수 있다.

당신은 아는 사람 몇 명을 잃을지 모르지만, 목적을 달성하면 사람들은 당신의 방법을 칭찬하고 이해할 것이다.

15
사람들을 곤란하게 만들지 않으려면

댄스 교사인 아더 마레는 다음과 같이 말한다.

"나의 경험으로 미루어보아 나를 곤란하게 만드는 사람을 만났을 때, 관심있는 척하는 것만큼 힘든 일은 없었다. 그 시간에도 귀중한 시간은 흘러가고 있음을 명심해야 한다. 당신이 당신의 시간을 낭비시키는 사람을 만났다면 안경을 벗고 그가 보이지 않는다는 시늉을 하면서 재빨리 지나쳐라. 그리고 파티에서 시간을 낭비하고 있다고 생각되면 이렇게 말하라. 집에 처가 있는데 몸이 몹시 안 좋은 것 같다고. 또한 사람을 지루하게 만들고 혼자 계속 떠들어대는 사람이 있다면 중요한 약속이 있다고 말하라. 그리고 당신이 약속에 늦어 바삐 걷는데, 알듯말듯한 사람이 말을 걸어오면 다른 사람과 혼동하지 않았느냐고 말하고 자리를 피하라. 그리고 마지막으로 이러한 방법이 모두 통하지 않을 때는 급히 일을 처리해야 한다고 솔직히 말하라."

제5장
기분전환법

신선한 기분으로 생활을 한다는 것은 물론 어려운 일이 아니다. 그러나 그렇게 생활하는 사람은 그리 많지 않다. 지금부터 몇 가지 방법을 이용하여 하루에 서너 번 기분을 전환시켜 보자. 단지 5분에서 10분 정도만 투자하면 신선한 기분을 느낄 수 있다.

1
하루의 시작은 신선하게

나의 친구인 알 루이스는 여느 사람과 마찬가지로 아침에 늦잠을 자는 버릇이 있었다. 그래서 조간 신문을 보는 것은 생각도 할 수 없고 간단한 아침 식사로 커피와 토스트를 먹는 것까지 처와 아이들의 도움을 받곤 하였다.

그는 여유있게 출근을 하는 것이·아니라, 시간에 쫓기듯이 출근을 했다. 그래서 기분을 정리해 신선한 기분으로 하루를 시작한다는 것이 남의 일처럼 느껴지곤 했다.

작년 봄에 알은 새로운 각오로 하나의 계획을 세우고 이를 실행하리라 결심했다. 아침 식사를 끝낸 뒤에 정원을 산책하기로 한 것이다.

비가 오든 눈이 오든, 봄이든 가을이든 그는 정원을 산책했다. 그러는 동안, 그는 매일매일 걸어가는 산책길이 하루하루가 다름을 알 수 있었다. 즉, 자연은 매일 색다른 모습으로 변화하고 있음을 발견하게 된 것이다. 그 발견은 그의 기분을 새롭게 해주었고, 여기저기 불필요한 나뭇가지를 자르고 잡초를 뽑는 일에 흥미를 갖도록 만들었다.

그래서 차츰 그는 이번 주말에는 무엇을 할까 하고 적극적인 계획을 세우게 되었다. 그는 아침에 10분을 투자하여 자연의 신비감과 즐거움을 만끽하는 행운을 얻었다. 그는 이 짧은 시간 덕분에 샤워를 하듯 깨끗하고 신선한 마음을 가질 수 있게 된 것이다.

2

아침의 10분을
보람 있게

상쾌한 아침을 맞기 위해서 일부러 시골에서 살 필요는
없다. 새를 키운다거나 열대어를 키우는 취미를 갖는다면
그 짧은 10분이 당신을 행복하게 만들어 줄 것이다.

우리들 대부분은 멀리서 기쁨을 찾으려는 경향이 있다.
그런 생각은 잘못된 것이라 할 수 있다. 앞뜰에 소담하게
피어 있는 한 송이 꽃에서 기쁨을 느껴 보자. 세계 명작을
읽고 하루를 시작해 보자. 10분을 아침에 투자하면 새로운
기분으로 하루를 보낼 수 있다.

그밖에 기분을 새롭게 하기 위하여 클래식 음악을 듣는
것도 좋고, 상황이 여의치 않을 경우에는 상상으로라도 시
골길의 풍경을 연상해 보는 것도 바람직하다.

자, 이제부터는 자연의 변화에 대해 찬미하고, 쇼윈도의
진열대를 눈여겨보자. 그리고 가끔은 푸른 하늘을 쳐다보며
소리를 질러보자.

기분을 전환시킨다는 이유로 귀중한 아침 시간을 이런 식
으로 보내는 것은 곤란하다고 말하는 사람도 있을 것이다.
그러나 아침 시간을 조금만 투자하면 당신의 시야는 그만큼
넓어질 것이다.

더불어 당신은 여러 가지 문제를 보다 정확히 예측하게
될 것이며 추진력도 생길 것이다.

3
오전중의 기분전환법

오전 중에도 10분 정도 시간을 내어 휴식을 취한다. 이러한 기분 전환은 당신의 능률을 올려준다.

예를 들어 어느 마을 시장은 시청의 모든 부서의 과장에게 30분간 충분한 명상을 하도록 의무사항으로 지시했다. 그 30분 동안은 아무리 바쁜 업무가 있어도 오로지 명상만을 해야 한다. 전화를 받거나 사람을 방문하는 일은 일체 허용되지 않는다. 30분이라는 시간은 새로운 아이디어를 창출해내는 데만 사용할 수 있을 뿐이다.

아이젠하워 대통령 직원들은 대통령에게 충분한 아침 휴식을 주기 위하여 일부러 서류 결재를 늦추었다. 또한 자신도 그 시간에 여러 가지 문제들——국가의 장래와 일처리 등에 대해 차분히 생각을 하는 것이다.

또한 대통령 고문 버나르 파크도 공원 벤치에 30분 정도 앉아 있는다. 그는 책상을 떠나 탁 트인 분위기에서 다람쥐를 보며 생각을 정리한다. 자연은 현명한 판단을 하는 데 도움을 주기도 한다.

청소기의 설계자이면서 동시에 제조업자이기도 한 알렉스 루이스는 점심시간을 이러한 목적을 위해 사용한다. 그는 자신의 사무실에서 혼자 점심식사를 한다. 그 사이에는 절대로 전화나 손님의 방문을 금한다. 그는 점심시간만큼은 아무의 간섭도 받지 않고 편안한 상태를 유지한다.

그는 여러 가지 방해받는 일에서 잠시 해방되는 시간으로 점심시간을 택했으며, 그 시간만큼은 사물을 객관적으로 보려고 노력한다. 점심시간을 자신의 방식대로 보내고 나면 오후에 활동하는 데 있어서도 여러 가지 명안이 떠오르는 등 도움이 된다고 한다.

4
오전중의 티타임

미국의 근로자 대부분은 매일 직장에서 오전중에 티타임 시간을 가진다.

시사 문제 해설가인 에드워드 R. 마로는 한 잔의 차를 마시는 사소한 행위가 활기를 가져다주고 창조적인 사고를 하는 데 도움을 준다고 이야기한다.

또한 배우 찰스 로든과 샤를 보아이에는 상쾌한 기분을 유지하기 위해 진행중인 녹화를 중지하고 한 잔의 차를 마시기를 즐긴다.

테스트 파일럿 릴 먼튼도 제트기의 시험비행을 하기 전에 항상 커피를 마신다고 한다.

제2차 세계대전 직후부터 시작되었다는 커피를 마시는 습관은 여러모로 우리들에게 도움을 주고 있다. 오전중에 가지는 10분에서 15분간의 티타임은 생산을 증진시키고 능률을 높여 준다. 사기를 고양시키며 피로를 감소시킨다고도

한다. 아울러 사고의 발생률이 저하되고 이직률이 줄어든다
는 발표도 있다.

이와 같은 효과를 지닌 바람에 커피를 포함한 차 자동판
매기가 점점 늘어나고 있다.

5

휴식은 신선한 활력소

코카콜라의 종업원들은 1929년 이후 '휴식은 활력을 준
다'라는 슬로건을 사용하고 있다. 그들은 일하는 도중에 반
드시 잠깐 동안 휴식을 취한다. 그 결과, 심리적으로도 육체
적으로도 능률이 향상된다. 오늘날 세계 시장을 석권한 코
카콜라의 배경에는 이와 같은 잠깐의 휴식에 대한 반대 급
부의 공이 숨어 있는 것이라고도 말할 수 있겠다.

애틀랜타에 있는 애틀랜틱 제강회사의 사장 R. F. 리치는
이렇게 말하고 있다.

"우리의 휴식 공간은 코카콜라 냉각기를 가운데 설치하여
그 주위에 공장을 만들었다고 생각될 정도로 냉방이 잘되어
있다. 나는 이러한 청량제가 일하는 사람에 따라 얼마만큼
중요한가를 역설한다."

제강공장의 노동자들은 고온에서 일하고 있기 때문에 이
러한 휴식이 반드시 필요하다.

제2차 세계대전으로 인해 국민 전체가 군수품 생산에 동

원되어 있을 때에도 청량음료 생산은 제1순위에 놓아두곤
했다. 왜냐하면 노동자에게 5분이나 10분간의 휴식이 주어
지곤 했기 때문이다. 음료수를 마시면서 잠시 쉬면 피로가
감소되고 생산이 높아진다.

　미국 공중위생 보건성에서는 공식 간행물에 다음과 같은
견해를 논술하였다.

　"회사가 휴식시간중에 임금을 보증해 주는 태도가 중요하
다. 회사가 휴식시간을 마련해 주면 생산량이 눈에 띄게 증
가되지는 않더라도 적어도 그러한 시간을 마련하지 않는 회
사보다는 능률이 오른다."

　당신이 무슨 일을 하든지간에 그리고 집에서 일을 할 경
우에도 반드시 휴식을 취하도록 하라. 그것이야말로 활기를
지속시켜 주는 비결이다.

6
점심시간 때의 기분전환법

　자기의 책상 위에서 샌드위치로 간단하게 점심식사를 끝
내는 사업가들, 부엌에서 요리를 하면서 식사를 하는 주부
들은 어떻게 기분을 전환하면 좋을까?

　커피 한 잔 속에는 평균 2.5그램의 카페인이 포함되어 있
다. 이 소량의 카페인은 근육의 움직임을 촉진시켜 주며, 정
신과 육체를 민첩하게 해주고, 작업을 함에 있어 불의의 사

고를 줄여 주는 역할을 한다.

물론 무엇이든지 지나치면 좋지 않듯이 카페인도 많은 양을 복용하면 곤란하다. 부작용을 일으키지 않는 범위 내에서 적절한 양을 취한다면 바람직한 효과를 볼 수 있다.

커피는 알코올과는 다르게 판단력, 자제력에 영향을 주지 않고 피로를 없애 주는 효과가 있기 때문에 애용되고 있다. 이것은 아메리카 공군에게도 인정받고 있다.

뉴욕에 있는 레스토랑 체인 사장인 윌리엄 브랙은 일찍부터 근무시간 중에 티타임을 두 번 정도 갖는 생활을 해왔다. 오전 10시부터 10시 반까지, 오후 3시부터 3시 반까지 두 번의 티타임을 즐겨 왔던 것이다.

그는 이렇게 피력한다. 티타임이 있을 경우, 일시적으로 일에서부터 해방되기 때문에 정신이 맑아지고 사기가 높아지며 일의 효과도 배가가 된다.

덧붙여 "커피는 점심식사와 마찬가지로 우리들의 생활에 없어서는 안 된다."고 자신의 견해를 밝혔다.

7
애연가의 끽연은
일의 능률을 가져온다

다수의 애연가를 상대로 조사한 결과, 모든 사람이 담배를 피면 마음이 편해지고 기분전환을 하는 데 큰 도움이 된다고 대답했다.

필립 모리스 회사의 부사장인 조지 위스먼은, 실제로 담배를 피움으로써 단순한 즐거움 이상의 것을 얻을 수 있다고 말하고 있다.

'나는 이것을 완성하고 나면 담배 한 대를 피우겠다.'라고 생각하면서 일을 하는 기분은 애연가가 아니면 결코 알 수 없을 것이다.

담배는 '일요일'과 같은 편안함을 느끼게 해주며, 식후에 피는 담배에는 일품 요리를 먹은 것과 같은 맛이 있다.

애연가에게 있어서 끽연은 생활의 일부분으로서 육체적으로 쾌락을 주는 그 이상의 힘을 내재하고 있다. 그렇기 때문에 그들은 끽연으로부터 생기는 편안함에 의해서 "서두르면 일을 망친다."라는 옛 속담을 굳이 말하지 않아도 유유자적한 템포로 일할 수 있는 것이다.

8
기도에 의한 기분전환

조용한 명상이라든가 기도, 또는 성서를 읽기 위해서 얼마간의 시간을 할애하는 것은 기분전환에 대단한 효과가 있다. 성서의 구절은 현대 사회의 냉혹한 이기심으로 인해 멍든 마음을 달래며 온유한 심정으로 변화시키는 힘이 있다. 비록 서툴지라도 기도를 하다 보면 자아의 성찰을 하고 있음을 은연중에 깨닫게 된다.

만약 당신이 날마다 몇 분씩 자신의 정신을 고요히 가라 앉히는 습관을 들이는 것에 시간을 투자한다면, 당신이 여러 가지 곤란한 일을 당했을 경우에 평온한 태도를 유지할 수 있을 것이다.

학자들은 일찍부터 이것에 관심을 표명해 오고 있었다. 분석이라든가 설명을 하는 것만으로는 불충분하다.

우리가 진정한 강인함과 진취력을 갖추고 일에 임하기 위해서는, 어떤 면에서 보면 인간보다 훨씬 위대한 사물에 대한 의지라든가 인간의 지식으로는 헤아릴 수 없는 신비한 신앙이라는 것이 필요함을 알 수 있다.

9
하루를 마칠 때의 기분전환

하루의 일과를 끝마친 후에 당신의 마음을 모든 것으로부터 해방시키고 휴식을 취하기 위해서는 그날 있었던 복잡한 문제는 깨끗이 털어 버리는 것이 좋다. 복잡한 문제에 대한 생각을 마음 속에 담아두지 말고 가능하면 모든 것을 솔직하게 털어놓도록 한다.

특히 숙면을 취해야 하는 잠자리에까지 긴장감을 가지고 가는 일이 없도록 해야 한다——이러한 긴장감만큼 휴식을 방해하는 것은 없다.

다음의 기도는 400년이 넘는 오랜 세월 동안 <기도서> 속에서 쓰여지고 있는 것인데, 현대를 살아가는 우리들 역시 과히 그것에서 벗어나지 않음을 알 수 있다.

저의 마음 속에 불결한 생각, 사악한 계획, 일관성 없는 야망이 자리잡지 않도록 저의 영혼의 잘못을 고쳐 주소서. 저의 노여움을 내일까지 가져가서 후회하지 않도록, 항상 고요한 자비와 선의를 갖고 마음을 가라앉힐 수 있도록 마음 속의 욕망, 증오, 악의를 없애 주소서.

10
낮잠의 효능

루스벨트 대통령은, 점심식사 후 30분간의 낮잠은 아침에 일어나기 전의 3시간 상당의 수면에 해당할 만큼의 효과가 있다고 말했다. 그는 낮잠 덕분에 매일 두 시간 동안이나 더 일 할 수 있었다.

트루먼 대통령도 마찬가지로 언제 어디서에서도 앉아서 잠잘 수 있는 방법을 몸에 익혔다. 관저에 있을 때도 트루먼은 잠깐 짬이 나는 대로 앉아서 잠을 잤다. 특히 중대한 연설을 하기 전에는 반드시 그렇게 했다. 겨우 15분이나 30분 동안의 수면에 의해서 원기를 회복하고 두 시간에 걸친 연설이나 회의를 원만하게 해낸 것이다.

윈스턴 처칠 경 또한 오랜 세월 동안 침대에 누워 낮잠을 자는 습관이 몸에 배어 있었다. 처칠은 앉아서 잔다거나 안락의자에서 자는 것을 경멸했다. 그는 갑자기 잠에서 깨어나도 머리에 떠오른 생각을 그 자리에서 정확하게 캐치할 수 있었다.

11
어디에서건 금방 잠들라

곧바로 잠들 수 있는 습관을 들이기란 그리 쉽지 않다. 그러나 한 번 그렇게 습관을 들이면 대단히 많은 시간을 절약할 수 있다.

토머스 에디슨은 하루에 3, 4시간 정도만 잠을 자는 습관을 들였는데, 그는 어디에서라도 곧바로 잠들 수 있었기 때문에 대개 한낮에 2, 3시간 낮잠을 자는 것을 습관으로 하고 있었다.

덜루스 국무장관은 자신의 정력의 원천은, 베를린에 있건 버뮤다에 있건, 또 3만 피트 상공에 있건 아이들처럼 곧 잠드는 습관에 기인한다고 말한다. 먼 곳에서 열리는 회의에 참석하기 위해 타고 가는 비행기 속에서조차 그는 누우면 곧 모든 생각을 버리고 잠잘 수 있었다.

이처럼 수면에 가장 좋은 시간은 하루의 일을 마치고 집에 돌아왔을 때이다. 설령 저녁 외출 예정이 없는 경우에도

10분이나 15분 정도 자기 집의 조용한 방에서 심신을 완전히 풀어 놓는 것도 대단한 효과가 있다. 그러고 나서 평상복으로 갈아 입고 저녁 시간 활동에 임하는 것이다. 사람들 중에는 10분 정도 뜨거운 물 속에 들어가 심신을 푸는 사람도 있다. 또 어떤 사람은 샤워가 좋다고 말한다.

아무튼 어떤 방법이건 10분 정도 이처럼 휴식을 취하면 저녁식사 때나 저녁에 어떤 일을 할 때 적극적이고 보다 새로운 마음 자세로 임할 수 있는 것이다.

어떤 의사는 이렇게 말한다.

"10분 동안의 낮잠은 사람의 기분을 풀어주는 데 있어 2, 3잔의 술보다도 훨씬 큰 효과가 있다. 식후 침대에 누워 잠시 동안 수면을 취한다고 해서 시간을 낭비하는 것은 아니며, 결코 가족을 화나게 만드는 원인도 되지 않는다. 당신은 그것에 의해서 새로운 기분과 열의를 가질 수 있음에 틀림없다. 이 10분간의 휴식은 1시간에서 1시간 반 정도의 원기를 회복해 주는 데 충분하다."

내가 오랫동안 살아온 라틴 아메리카에서는 점심식사 후 반드시 낮잠을 잔다. 더군다나 그 시간은 하루 중에서 가장 귀중한 시간이었다.

미국에서 한낮에 낮잠을 잔다는 것은 현실적으로 불가능하지만 저녁식사 전의 짧은 휴식은 충분히 가능하며, 또한 이때의 휴식도 한낮의 낮잠과 같은 효과가 있다.

주부들 중에는 가족 모두가 집에서 나간 후에 다시 잠을 자는 사람이 있는데, 이것은 결코 효과적인 방법이 아니다. 어느 전문가도 말했듯이, 그렇게 하면 하루 종일 잠만 자게 되는 결과를 빚어낼 뿐이다.

12
숙면은 시간을 절약한다

뉴욕에서 낮잠 자는 곳을 경영하는 노먼 다인은, 여가를 많이 만들기 위해서는 수면시간을 죠정해서 휴식 능력을 높이는 대신, 잠자는 시간을 줄이고 일어나 있는 시간을 길게 해야만 한다고 말한다.

그는 가끔 어떤 엄격한 규율을 지키고 있는 중역의 경우를 인용한다. 예로 든 그 중역은 눈코 뜰 새 없이 바쁠 때에는 밤에 4시간 정도 잠을 자고 낮에 두 시간마다 15분씩 수면을 취한다. 이와 같은 방법으로 그는 수면시간을 모두 합쳐 6시간으로 줄이는 동시에 18시간이나 되는 긴 시간 동안 끊임없이 격렬한 일을 해낼 수 있는 것이다.

또 영화 프로듀서인 리셜 드 러시먼 역시 유사한 사고를 지녔다. 그는 일이 바쁠 때는 수면시간을 짧게 갖는다. 2, 3시간 동안 잠자고 4시간 동안 일하고, 그리고 2, 3시간 잠자고 4시간 일하는 식으로, 수면시간과 일하는 시간을 적절히 반복해서 능률을 올리는 것이다. 그의 말한다.

"이렇게 하면 긴장감이 풀려 기분을 완전히 새롭게 할 수 있다. 나는 이렇게 해서 보통 수면시간인 8시간을 5시간으로 줄여서 하루 3시간씩 여분의 시간을 가진다."

그러나 이런 사람들은 물론 예외적인 사람들이며, 우리들 보통 사람들에 있어서는 수면시간 동안에 충분한 휴식을 취하기 위한 어떤 연구가 필요하다.

그것에 대한 소개는 다음과 같다.

①충분한 수면시간을 갖는다. 만약 자명종이 필요 없이 상쾌한 기분으로 잠을 깰 수 있으면 그것은 충분한 휴식을 취한 증거이다. 또 이것과 반대로 매일 아침 억지로 자리에서 일어나는 사람은 충분한 휴식을 취하지 못한 것으로, 그날 하루는 기분이 좋지 않고 활동력도 저하된다.

②사람은 잠든 후 처음 1, 2시간 동안에 가장 깊은 잠을 잔다고 한다. 그때 근육은 최고로 이완되고 혈압도 최저로 되며 피부의 촉감도 최저가 된다. 아침에 늦게까지 잠을 자도 취침 직후의 수면만큼 휴식을 취할 수는 없다.

③가장 편안하게 잠자기 위해서는 다음과 같은 주의가 필요하다. 먼저 잠자기 전에 목욕을 한다. 뜨거운 욕탕에 한 스푼 정도의 겨자를 넣고 정확히 화씨 100도까지 물을 끓인다. 그리고 20분 동안 몸을 푹 담근다. 이렇게 하면 혈액순환이 정상으로 되어 기분도 편안해진다. 피부를 문지르지 말고 누르듯이 닦는다.

침실은 언제나 곧 잠잘 수 있도록 준비해 두고 욕탕에서 나오면 곧바로 들어간다. 당신의 신체의 모든 근육에서 완전히 힘을 뺀다. 그리고 손과 발과 어깨를 쭉 펴서 신체 한 군데도 접혀 있는 곳이 없도록 한다.

아무것도 생각하지 않는다. 흥분은 수면을 방해한다. 침실은 가능한 한 어둡고 조용하게 하고 무엇으로부터도 방해받지 않도록 한다.

13
잠자기에 좋은 침실

가장 좋은 휴식 방법은 자고 있을·때 당신의 신체에 전혀 압박을 주지 않는 것이다. 깨끗한 이불, 탄력 있는 베개를 사용하라. 그리고 겨울에는 될 수 있는 대로 신체를 자유롭게 해서 원활하게 공기를 유통시키도록 가벼운 이불을 택하는 것이 좋다. 너무 무거워서 혈액순환이 방해받는 이불은 피한다.

한밤중에 침대에서 떨어지지 않을까 걱정하지 않고 잘 수 있도록 적어도 폭이 39인치 정도 되는 요를 사용하라. 뒤척이기 위해 일일이 일어나야 할 만큼 신체가 파묻히는 너무 푹신한 요는 사용하지 않는다. 스프링이 약해서 당신의 등이 휘지는 않는지 주의하라. 시트를 요 밑에 끼워 두면 조금 뒤척여도 헝클어질 걱정은 없다.

침대의 위치는 아침에 햇빛이 당신의 얼굴에 직접적으로 쏘이지 않는 곳에 둔다.

이상과 같은 점에 주의하면 곧 잠들 수 있고 또한 충분한 휴식을 취할 수 있다. 이렇게 되면 평소보다 한 시간 정도 일찍 잠을 깨는 일이 종종 있는데, 그러면 그만큼 시간을 유용하게 사용할 수 있는 것이다.

14
수면시간은 되도록 짧게

레브하 프리드먼 출판사 회장이며 시간 사용법의 저자인 곳드프리 M. 레브하에 의하면 일반적으로 사람들은 필요 이상의 수면시간을 취한다고 한다. 물론 이점에 대해서 원칙이란 것은 없으며 같은 종류의 일에 종사하고 있는 사람이라도 수면 시간은 각각 다르다. 도대체 어느 정도의 수면시간이 필요한가는 그 사람의 체질이나 일의 종류, 습관에 따라 달라진다.

역사상 위대한 인물 중에는 보통 사람이라면 7시간에서 8시간 동안의 수면을 필요로 하는 경우에도 하루 4, 5시간으로 충분하다고 한 사람이 있다.

일반적으로 대부분의 사람들은 신체에 장애가 되지 않을 정도의 최저 필요 수면시간을 측정할 수 있으며, 그렇게 측정된 수면시간을 지키면 되는 것이다. 육체적, 정신적 휴식에 필요한 한도 이상으로 수면을 취하는 것은 일종의 방종이며, 결과적으로는 과도한 수면시간만큼 당신의 생명을 단축시키는 것과 다를 것이 없다.

레브하는 또 이렇게 말한다.

물론 당신은 필요 이상의 수면시간을 취하면서 게다가 그 습관을 바꾸려고도 하지 않는다. 당신은 수면이 마치 즐거움인 것처럼 욕심부리고 있을지도 모르나, 흔히 대부분의 사람들이 하루에 8시간의 수면시간이 필요하다고 말하지만 이것은 전혀 근거가 없는 말이다. 다만, 습관상 그렇게 생각하고 있는 것뿐이므로 그 습관은 바꾸려고만 한다면 언제든지 바꿀 수 있는 것이다.

나사니엘 크라이트먼은 또 이렇게 말한다.

필요 수면시간이 똑같은 사람은 단 두 사람도 없다는 것은 경험적으로 증명할 수 있으며, 수면 습관이라는 것은 후천적인 것이지 결코 태어날 때 부터 정해진 천성적인 것이 아니다. 대부분의 동물은 반복적으로 낮잠을 자서 필요한 휴식을 취하고 있다고 한다. 당신이 만약 수면시간을 절약하고 싶다면 다음과 같은 방법을 시험해 보면 좋을 것이다.

①만약 현재 9시간의 수면시간을 갖고 있다면 그것을 8시간으로 줄여 보라. 그것으로 충분한가 어떤가를 시험해 보라. 처음 얼마 동안은 충분하지 않을지도 모르지만 적어도 10일 동안 계속하면 몸에 배게 될 것이다.

②일정기간 동안 적어도 15분 정도 자명종을 일찍 울리게 하라. 그래서 절약된 그 시간을 하고자 하는 어떤 다른 일에 사용하라. 그렇게 하면 적어도 지금까지 해왔던 일 이상의 것을 할 수 있음에 틀림없다.

제6장
인생관과 습관

　인생관이나 습관은 짧은 시간 동안에 얼마나 많은 일을 해낼 수 있는가의 여부에 큰 영향을 준다. 이것은 우리가 지금까지 말해 온 모든 것에 대해 해당한다. 이 장에서는 일에 성공한 사람들은 어떤 방법으로 자신의 의지력을 연마했는가 하는 것에 대해서 실제적인 교훈이 된 것을 다뤄 보기로 한다.

1

일할 의욕이 진취적이지 않을 때

대단히 정력적인 사람들에게 있어서는 매일 한 시간 정도의 여분의 시간을 가지고 일하는 것이 대단히 즐거울 것이다. 그와 반대로 아무리 해도 일하고 싶지 않은 기분이 들 때에는 도대체 어떻게 하면 좋을까?

대부분의 사람들은 왠지 몸이 찌뿌드드하고 일이 손에 잡히지 않으며 꽤만 피우고 싶은 기분이 들었던 경험이 여러 번 있었을 것이다.

그러나 그런 기분이 늘 생긴다면 근본 원인은 피로라고 할 수 없다. 오히려 게으름이라고 해야 할 것이다.

피로와 게으름이 같은 현상으로 보이는 경우가 종종 있지만, 이 두 가지 사이에는 엄연히 근본적인 차이가 있다. 피로라는 것은 대개의 경우 힘을 다한 후에 나타나는 결과이다. 그것은 일을 한 후에 생기는 것이며 결코 일을 하기 전에는 생기지 않는다.

만약 당신이 몸을 움직인다거나 무엇을 쓰거나 하기 전에 먼저 하기 싫은 생각이 든다면, 그 원인은 건강에 있는 것이 아니라 당신의 정신에 기인하는 것이다.

만약 신체의 어딘가가 좋지 못하면 당연히 피로가 생긴다. 그 때문에 계속해서 일하고 싶은 의욕이 상실되고 무력감에 빠지게 되는 것이다. 그러나 특별하게 의사의 처방이나 약을 필요로 하는 경우가 아니라면 그 원인은 당연히 정신적 방종에서 비롯된 것이라고 할 수 있다.

그러면 이런 경우는 어떻게 하면 좋을까.

2
적극적인 기분을 강화하라

소극적인 지연주의와 적극적인 즉행주의란 대개의 경우 양자 택일적인 문제이다. 적극적인 사고방식을 지니고 있으면 일을 신속하고 능률적으로 하는 데 큰 도움이 된다. 실행가는 어떤 일을 할 때 마지막까지 해낸다.

따라서 소극적인 태도를 취해서 좋은 때는 사진을 찍을 때 정도라고 하겠다.

한편, 오래 된 습관을 타파하는 것에만 전념해서는 안 된다. 그러한 노력은 자기 자신을 패배로 인도하는 것밖에는 결코 도움이 되지 않는다. 그것은 다시 말해서 언제까지나 자기 자신을 환자처럼 취급해서 병이 나았다고 생각하지 않으려는 것과 마찬가지이기 때문이다.

오래 된 습관을 타파하려고 하지 말고 그 사실 자체를 잊어버려라. 그리고 그 노력을 새로운 습관을 만드는 데 기울여라. 새로운 습관을 익히기 위해서는 착실하게 한 걸음씩 실행해 갈 필요가 있다.

그 실행에 앞서 아래에 열거한 것들을 충분히 염두에 두기 바란다.

①일을 시작하기에 앞서 반드시 실행하고야 말겠다고 자신에게 확신을 준다.

②일을 하고 싶지 않다는 기분은 술을 마신 경우처럼 방종의 소산이다. 그것은 모든 사람이 한 번은 경험한, 마음 깊은 곳에 가로 놓인 강한 욕망을 만족시키는 감정적인 수수께끼이다. 당신이 굴복하면 할수록 그것은 커지고 실행력은 점차 없어져 버린다. 그래서 자기혐오를 하게 되고, 또 자기혐오에 빠지게 되면 될수록 더욱 실망하게 되어 어떤 일도 완수할 수 없게 되는 것이다. ·

③원기를 잃었다거나 일을 하는 것이 싫어진 경우는 대부분 비록 무의식적이라고 해도 타인이나 자기 자신의 동정을 구하고 싶어하는 기분이 깊은 곳에 숨어 있기 마련이다. 우리 마음 속 어딘가에 숨어 있는 비뚤어진 이러한 근성은 방종에 의해서 크게 만족된다. 만약 타인의 동정을 얻을 수 없는 경우는 우리는 자기 연민에 빠지게 된다.

④태만한 습관이 몸에 밴 후에 다시 원래대로 돌아가려면 습관을 들이는 데 소요되었던 시간보다 훨씬 더 많은 시간을 필요로 한다. 월요일 아침에 일에 임할 때나 휴가에서 돌아와서 처음 일에 임할 때 일할 기분이 나지 않는 것은 어쩌면 당연하다고도 말할 수 있다.

이러한 경우에 활동적인 기분이 되는 최선의 방법은 본래부터 정해져 있던 일부터 시작하는 것이다. 2, 3시간 정도 조각을 붙인다거나 하는 작고 세밀한 일을 해보라. 그렇게 하는 동안 온몸에 활동력이 용솟음치는 것을 느끼게 될 것이다.

⑤처음부터 너무 큰일을 하려고 생각해서는 안 된다. 처음 얼마 동안은 작은 일로 만족하라. 너무 많은 것을 단시간에 해내려고 무리한 욕심을 부리는 것은 곧 성공을 실패로 바꾸는 원인이 되기 쉽다.

3
현재의 일에 흥미를 가지려면

만약 어떤 일이건 싫증내지 않고 오랫동안 재미있는 것으로 생각할 수 있는 확실한 방법을 알고 있다면, 단 하루 동안에라도 큰 재산을 모을 수 있을지도 모른다.

그렇게 하기란 결코 쉽지 않지만 아주 간단한 방법이 있다. 일의 성취 능력을 높이는 방법은 분명히 있다. 이 방법을 몸에 익히면 당신도 지금 자신이 하고 있는 일에 대해서 아주 많은 흥미를 가질 수 있게 될 것임에 틀림없다.

아이젠하워 대통령의 부인은 결혼 초에는 군인의 아내로서 만나야 하는 모든 사람에게 자연스러운 태도를 취하지 못했다고 한다. 그러나 나중에는 완전히 바뀌어 열정을 가지고 사람들을 대할 수 있게 되었다. 그에 따라 부인은 모든 일을 즐겁게 받아들였으며, 더군다나 많은 시간을 낭비하지 않을 수 있게 되었다고 한다.

또한, 도널드 레어드 박사는 캘리포니아 대학의 어떤 학생 그룹을 대상으로 연구를 했는데, 그 연구 결과는 우리에게 시사하는 바가 있다.

레어드 박사는 그들이 반드시 받아야만 하는 수업을 인위적으로 매우 재미있다고 생각하도록 했는데, 보통의 태도로 공부하는 것보다도 학생들이 확실히 수업에 열중했다는 보고를 하고 있다. 당신도 이 방법을 시험해 보기 바란다. 분명 확실한 효과가 있다.

체신장관이며 코카콜라 수출회사 회장으로서 풍부한 실행력을 갖춘 제임스 A. 패러는 이렇게 말한다.

"만약 제군이 자신이 하고 있는 일을 즐겁게 생각할 수 있는 방법을 알고 있다면 결코 실패하는 일은 없다. ……그렇게 되면 모든 일은 정확하게 마무리되고 또한 지루한 시간은 전혀 없어지게 될 것이다."

4
열의를 가지려면

흥미보다도 한 단계 높은 것은 열의이다. 당신이 어떤 일을 하던지 근본적으로 거기에는 열의를 가질 수 있는 성질이 내포되어 있다는 것을 이해하기만 한다면 '열의를 갖는' 것은 그렇게 어려운 일이 아니다.

정신병리학자들은, 우리들이 매사에 열의를 가지고 임하는 경우는 그렇지 않은 경우보다 10분의 1 정도의 피로감밖에 느끼지 않는다고 말한다.

열의를 갖는 최선의 방법은 자신에게 주어진 일이라면 무엇이건 기필코 해내겠다는 자세로 임하는 데 있다. 어떤 일을 하건 무엇을 생각하건 또 어떤 새로운 방법을 시험하는 경우에도 '홍미'를 잃지 않도록 하라. 그렇게 하면 일을 하고 있는 동안에도 기분이 아주 편안해진다. 왜냐하면 일이라는 것은 그것을 사랑하는 마음이 없으면 결코 오랫동안 계속할 수 없는 속성을 내포하고 있기 때문이다.

우리가 어떤 일을 할 때 일에 대한 자극이 되는 것은 정복하겠다는 마음이 아니라 탐구하는 적극적인 마음자세에 있는 것이다.

데이비드 시버리는 이렇게 말한다.

"골프나 낚시, 야구와 같은 놀이를 할 때 우리는 이와 같은 기분으로 한다. 여러 가지 방법을 동원해 본다. 바꿔 말해서 시험해 보는 것이다. 우리가 항상 이런 마음가짐을 가지고 있는 한 어떤 놀이든 매우 즐겁게 생각한다. 이기건 지건 그 승부에 상관없이 기분은 늘 편안한 것이다. 당연히 이러한 사고방식은 우리가 하는 모든 일에 해당된다. 설령 어떤 일이 그 당시에는 사소하며 언뜻 보기에 그다지 중요지 않은 것처럼 생각되어도……"

열의에 의해서 단시일 동안에 큰 성공을 거둔 대표적인 인물은 미국의 인기가수 메리 마틴일 것이다. 그녀가 성공한 비결 중의 하나는, 아무리 유명해져도 자신의 고향인 텍사스를 잊지 않은 점이다. 그녀의 열의는 마치 전염병과 같이 사람들에게 퍼져 나갔다.

그녀의 성격의 한 단면을 단적으로 보여주는 에피소드가

있다. 그녀의 남편을 통해 이야기를 들어보자.

"언젠가 한 번은 이런 일이 있었습니다. 메리가 대기실에서 자선행사에서 부를 노래 연습을 하고 있을 때였습니다. 갑자기 그녀가 피아니스트에게 그렇게 피아노를 대충대충 치면 어떻게 하냐고 마구 항의를 해댔습니다. 그러자 그녀의 성격을 이미 잘 알고 있던 피아니스트는 그녀의 거친 항의에 화를 내지 않았습니다. 오히려 그녀의 열의에 감격하여 그는 거래를 위해서가 아니라 완전한 호의로서 그녀에게 연주를 해주겠다고 제의했습니다."

5
자신에게 자극을 주자

"그때 그때마다 자신에게 자극을 주면 줄수록 당신의 목적은 보다 빨리, 보다 순조롭게 달성될 것이다."

줄리어스 카이저 회사 사장 필립 골드스미스는 말한다.

막대기에 매달여 있는 홍당무나 개 달리기 시합에 설치된 토끼 인형은 마차를 모는 말이나 경주용 개에게 일종의 자극을 주는 물건이다. 훈련된 바다표범에게 곡예를 시키기 위해서는 생선을 이용한다.

우리들은 모두 무엇인가 실질적인 보상이라는 자극이 주어지면 단시간 동안에 많은 일을 할 수 있다고 알고 있다. 보상이 반드시 현금일 필요는 없다. 그것에는 몇 가지 방법이 있다.

예를 들어 설거지를 하는 데는 대충 30분의 시간이 걸릴 것이다. 그러나 당신이 갑자기 영화나 음악회에 초대되었다면 그 일은 그 시간의 반 정도로 끝낼지도 모른다. 설거지를 끝내고 나서 이어지는 즐거움을 한시라도 빨리 맞이하기 위하여 당신은 오직 그 일에 전념해서 즐거운 마음으로 일을 마치려는 기분이 들기 때문이다.

일을 빨리 끝내면 시간을 절약할 뿐만 아니라 그 위에 어떤 덤이 있다——이와 같이 자신이 어떤 보상을 설정해 놓고 일을 하기 바란다. 그래서 일을 끝냈으면 그 보상을 기꺼이 받기 바란다.

6
반드시 해내야 하는 일에
정신을 집중하려면

덜루스 국무장관은 단시간내에 일을 해내는 데 있어서는 치밀한 주의력이 가장 중요하다고 말한다. 그러나 어떻게 하면 정신을 집중할 수 있을까? 당신이 반드시 해야만 하는 여러 가지 일에 대해서 다음과 같은 질문에 대답해 보면 그 답을 알 수 있을 것이다.

①당신의 모든 지능을 발휘해서 당신이 지금 하고 있는

일이 어떤 상태에 있는가를 상세하게 관찰하고 있는가?

②머리 속에 떠오른 여러 가지 사실의 관련성을 신속하게 파악할 수 있는가?

③그렇게 하기 위해서 모든 각도에서 사물을 생각하려고 하는가?

④앞으로 자신이 하고자 하는 것, 그리고 그것을 실행하기 위해서 어떻게 하는 것이 최선인가를 분명하게 마음 속으로 그리고 있는가?

⑤일의 첫단계를 완수하고 나서 곧바로 다음 단계로 옮기는 실행력을 갖추고 있는가? 이 경우 행위의 합리적 일관성은 반드시 필요하다.

⑥자신의 힘이 미치는 일정한 범위 안의 일에 대해서 관심을 기울이고 있는가? 불필요하게 산만하고 넓은 범위보다는 좁은 범위내에서 자신의 힘을 충분히 발휘하는 것이 보다 좋은 결과를 얻을 수 있다.

⑦마음이 산만해지는 것을 방지하기 위해서 당신이 지금 당면하고 있는 문제의 어떤 점에 흥미를 느끼고 있는가에 대해서 연구하고 있는가?

어떤 일에 마음을 집중하려고 해도 소음이 귀에 들어와 주의를 집중하지 못하는 사람이 있는데, 재미있는 소설을 읽을 때와 같은 경우에는 그런 소음이 귀에 들리지 않는다. 그러므로 하고 있는 일에 흥미를 가지면 가질수록 마음이 산만해지는 위험은 적어지는 것이다.

때로는 '낙서' 하는 것이 정신을 집중시키는 데 큰 역할을

한다. 덜루스 국무장관은 연필을 깎는 습관을 가지고 있었
다. 그는 어떤 큰 국제회의 석상에서 소비에트의 모로토프
외상이 한창 연설을 하고 있을 때 연필을 깎으면서 모로토
프를 압도한 적이 있다. 나중에 조사해 보니 그때 깎은 연
필은 12자루였는데, 덜루스는 한 장의 메모를 하지 않고도
모로도프의 연설의 요소요소를 비판할 수 있었다.

한 마디로 말해서 산만해지기 쉬운 사람이란 어떤 일을
할 때 뒤로 한 발 물러나 있는 자세를 취한다거나, 스스로
산만하게 하고 싶다고 생각하는 사람이라고 말할 수 있다.
어떤 일을 단시간내에 해내기 위해서는 반드시 분명한 행동
의욕을 가질 필요가 있다.

1
적극적으로 생각하라

"말로는 나는 이 일을 반드시 해야만 한다고 하면서도 불
평만 하고 빈둥거리는 태도를 취하는 것은, 마법을 써서 해
치우면 얼마나 좋을까라고 몽상하고 있는 것과 마찬가지로
어리석은 짓이다."

비치너트 파킹 회사의 부사장 칼 W. 라비는 충고이다.

"어떤 일을 보다 빨리 성취하고 싶으면 '이 길이야말로
내가 나아가야 할 길이다.'라는 생각을 끊임없이 자신에게
주입시켜야 한다. 다시 말해서 수동적이 아닌 능동적인 마

음가짐으로 임해야 하는 것이다. 적극적인 사고방식은 몽상을 바꿔 현실화시키는 사고방식이며, 하고 싶다고 생각하는 것을 성취시키는 사고방식이다."

당신의 사고방식을 적극적으로 만들기 위해서는 어떻게 해야 할까? 그 요점에 대해서 알아보도록 하자.

①각각의 목적 달성을 위한 단계를 계획하라.

②상황을 그대로 받아들이며 희망적 관측을 흐려서는 안 된다. 잘못되었다고 판단된 경우는 그 원인과 잘못된 점을 확실하게 파악하여 두 번 다시 반복하지 않도록 하라.

③윗사람이나 가족의 결점을 찾는다거나 경쟁 상대나 주변 상황을 핑계삼아 도피하려고 하지 말고, 주어진 상황을 바탕으로 각각의 일에 맞는 경제적이고 능률적인 방법을 연구하라.

8

즉시 실행하라

우물쭈물하는 사람은 시간을 가장 많이 낭비하는 사람이다. 정도의 차이는 있지만 우리는 모두 일을 뒤로 미루고 싶어하는 성질을 갖고 있다. 지금 당장 손을 써야만 하는 일인 데도 뭔가 구실을 만들어 미루려고 한다.

미국의 카톨릭 지도자로서 늘 정력적인 활동을 하고 있는

스펠먼은 보통의 실업가라면 2개월 정도면 손들어 버릴 정
도로 눈코 뜰 새 없이 바쁜 생활을 보내고 있다. 그러나 그
는 시간을 절약하는 여러 가지 방법을 이용하여 수많은 일
들을 능숙하게 해내고 있다.

그는 어떤 일이건 가능한 한 곧바로 실행하는 것을 신조
로 하고 있다. 그가 쓴 『오늘의 행동』이라는 제목의 책은
그의 동료들 사이에서 널리 읽히게 되었으며, 또한 그 구역
의 모토가 된 '지금 즉시의 행동'이라는 경구를 만들어내게
되었다.

신앙에 있어서의 봉사이건, 일상의 일이건, 전화 통화이건
아무튼 사람을 기다리게 해서는 안 된다——결코 사람에게
시간을 낭비하게 해서는 안 된다——라는 것이 그가 주장하
는 엄격한 규율이다. 그리고 그 자신이 이 규율의 가장 엄
격한 신봉자인 것이다.

9
'나태주의'를 극복하라

'느릿느릿 주의'를 극복하는 것에는 여러 가지 방법이 있
다. 다음에 말하는 것은 그 중에서 가장 좋다고 생각되는
것이다.

①즉시 실행하는 것과 마구잡이 방법으로 달려드는 것을

혼동해서는 안 된다. 무엇보다도 먼저 체계를 세워 일을 정리하고 계획한다.

②어떤 방법이건 그 방식을 도입한다고 해서 금방 효과를 얻을 수는 없다. 우선 머뭇거리는 태도를 없애기 위해서는 실행하기 가장 쉬운 것부터 시작하는 것이 바람직하다. 그래서 그것이 성공하면 무엇보다도 가능성에 대한 확신을 얻을 수 있을 것이다.

이렇게 하다 보면 어려운 것도 해낼 수 있게 된다. 그다지 중요하지 않다고 생각했던 사소한 일이라도 일단 그것을 완성함으로써 얻을 수 있는 만족감이란 대단히 중요한 것이기 때문이다.

③큰일은 그것의 기본이 되는 작은 일이 모여서 이루어진다는 점을 염두에 두어라. 그러면 당신의 눈앞에 놓인 압도될 것 같은 큰 임무도 놀라운 것이 아니라는 생각이 들 것이다.

예를 들어, 처음부터 큰 저작에 달려들기가 겁난다면 먼저 메모를 하는 것부터 시작하라. 집을 건축할 때 기와를 한 장 한 장씩 쌓아가다 보면 집이 완성되는 것처럼, 메모를 해가는 어느 사이엔가 한 권의 책이 완성되는 것을 당신의 눈으로 지켜볼 수 있을 것이다.

④가장 힘들고 유쾌하지 않은 일을 먼저 하게 되면 나중에는 비교적 즐겁게 일할 수 있다. 그러므로 힘들고 어려운 일부터 먼저 하는 것도 하나의 방법이라 하겠다.

책상 위에 산더미처럼 쌓여 있는 괴로운 일은 당신을 피로하게 만들 뿐만 아니라, 불필요하게 시간을 낭비하게 되는 나쁜 습관에 빠지게 하는 근원이 된다.

1o
자신의 힘으로 착수하라

어떤 방법으로 '느릿느릿 주의'를 극복하건 먼저 행동에 옮기는 것이 가장 중요한 첫단계이다.

'나는 어떻게 하면 좋을까 하고 쓸데없이 고민하지 않는다. 나는 반드시 할 수 있다는 신념을 가지고 일에 착수한다. 이런 신념을 가지고 일에 임하게 되면 마지막까지 모든 일이 순조롭게 진행된다.'

이와 같은 마음으로 행동을 개시하는 습관을 붙여라.

사람들 중에는 도무지 어떤 일이건 스스로 시작하려고 하지 않는 사람들이 많은데, 이러한 사람들은 외부로부터 행동에 대한 계시가 주어진다고 생각하고 있다. 그들은 이런 저런 일들을 생각으로는 많이들 하고 있지만, 생각하는 것만으로는 아무런 결과를 얻을 수 없다.

또한, 그들은 시계 소리에 귀를 기울인다. 책상 위를 정리하기도 하고 연필을 깎는다거나 새로운 용지를 준비해 놓고 있지만, 아무리 준비를 열심히 한다고 해도 실천이 따르지 않으면 어떤 일이라도 이루어지는 법은 결코 없다.

이런 경우, 바람 빠진 풍선처럼 우울한 기분으로 의자에 웅크리고 앉아 있지 말고 자리를 박차고 일어나 기분 전환을 시도하라. 가슴을 크게 펴고 심호흡을 하라. 억지로라도 스스로 활기찬 것처럼 행동하라.

지나치게 오래 생각해서는 안 된다. 우리들 중에는 자신에게 주어진 일이며 문제가 명확하게 될 때까지 행동에 옮기지 않고 막대한 시간을 낭비하는 사람이 많다. 그러나 저절로 이루어지는 일이란 아무것도 없다. 이런 사람은 결국 아무것도 하지 못하고 만다.

이와 반대로 어떤 일이건 완성해 놓는 사람은, 다른 사람들이 불가능하다고 생각하는 일에 대해서도——비록 실패를 경험할 때도 있지만——나름대로의 목표를 설정한 뒤, 그 목표를 달성하고자 끊임없는 노력을 한다. 물론 쉬운 일은 아니다. 역경과 시련을 헤쳐나가는 의지가 따라야 하기 때문이다.

자기 자신에게 용기를 주기 위하여 과거에 자신이 완수한 여러 가지 일을 생각해내기 바란다. 전에도 해냈으니까 당연히 다시 한 번 할 수 있다——게다가 이전보다 더 능숙하게, 더 빠르게 할 수 있음에 틀림없다!

11
혼자서 일할 수 있게 하라

우리는 모두 좋건 나쁘건, 또 이것도 저것도 아닌 애매한 어떤 습관을 갖고 있다. 습관이라는 것은 어떤 일을 할 때

나타나는 그 사람 특유의 방법일 뿐만 아니라, 그것이 몸에 배게 되면 능률을 좌우할 수 있는 기술이기도 하다.

만약 습관적인 행위를 몸에 익혀 거의 의식 없이 그것을 할 수 있게 되면 많은 시간을 절약할 수 있으며, 더불어 그 시간에 다른 새로운 일을 계획한다거나 계획했던 일을 실행하는 데 이용할 수 있다.

좋은 습관은 반드시 만들 수 있다. 그러기 위해서는 먼저 매일 일과에 대해서 최선의 실행방법을 생각해내어 몸에 익혀 큰 힘을 들이지 않고 실행할 수 있도록 반복할 필요가 있다.

아드레 드 루리유라든가 카토 드 루리유는 그들이 함께 만든 『당신을 위한 습관을 만들어라』라는 책 속에서 무엇보다도 스스로를 연구할 필요가 있다고 지적하고 있다. 현재의 습관을 잘 조사하라. 그리고 어떤 습관을 과감하게 떨쳐버리면 좋을지 파악하기 바란다.

또한 그들은 이렇게 말한다.

"당신을 분석하고 나서 한 걸음 나아가고, 당신이 어떻게 하고 싶은가를 마음 속에 그리도록 해야 한다. 그러고 나서 당신이 원하는 습관의 실마리를 잡아라. 나쁜 습관을 극복하는 중요한 비결의 하나는 당연히 그것을 대신할 수 있는 새로운 습관을 만들어가는 것이다."

이 방법은 당신의 시간이나 정력을 놀라울 만큼 절약할 수 있게 해줄 것이다. 당신은 이제 나쁜 습관을 버리기 위해서 전전긍긍할 필요가 없다. 좋은 습관을 가짐으로써 필연적으로 나쁜 습관은 사라져 버리기 때문이다.

12
잡담 시간에 실행하라

"실행에 옮기지 않고 그저 잡담만 하는 것은 시간낭비의 첩경이다."

파나그라 항공회사 사장 앤드류의 말이다.

전혀 쓸모없는 잡담이 너무 많다. 『창조력을 키워라』의 저자 알렉스 오즈본이 지적한 것처럼, 불필요한 말을 하지 않는 것은 단순히 시간을 절약하는 것뿐만 아니라, 사람들이 그다지 주의를 기울이고 있지 않은 대인 관계에 있어서의 중요한 테크닉 중의 하나이다.

마데라인 본 역시 『우먼스 디』라는 잡지에 기고한 내용에서 이렇게 말하고 있다.

"우리가 지나치게 말을 많이 하는 이유는 조금이라도 빨리 어떤 생각을 마음 속에서 떨쳐 버리고 싶기 때문이다. 의견이 다르다거나, 재미가 없다거나, 사람의 주목을 흐트리고 싶을 때, 또는 단순한 감동──예를 들어, 아이들이 동물원의 동물을 보고 큰 소리를 지르는 경우처럼──에 의할 때가 대부분인데, 이러한 태도는 자신의 몸을 망치는 헛된 시간 낭비가 될 뿐이다."

이어 그녀는 이렇게 쓰고 있다.

이러한 손해를 입지 않기 위해서는 두 가지 방법이 있다. 그 하나는 가능한 한 침묵을 지킬 수 있도록 자신을 훈련하는 것이다. 또 한 가지 방법은, 무엇을 위해서 이야기하는가에 대해서 미리 생각해 두고 말하고자 한 것을 끝마치면 곧 정지하는 것이다.

대화란 친한 사이의 경우처럼 일반적인 것도 있고 상대에게 무엇을 가르치는 경우처럼 전문적일 때도 있는데, 이것은 모두 어떤 목적을 갖고 있다. 자유로이 무엇인가를 할 때도 우리들은 우리들의 목적이 무엇이고, 그 목적이 달성되면 곧 그것을 이해할 수 있도록 습관을 들이고 있는 것은 아닐까.

고기를 중간 정도로 구우려고 생각한 경우에는 너무 구워지지 않았을 때 불에서 내려놓도록 하라.

우리들이 무엇을 하려고 하고 있는가를 알아야만 비로소 '말한다'라는 재능을 활용할 수 있는 것이다. 먼저 목표를 확실하게 하는 것이 중요하다. 막연하고 감정적인 의견은 스마트한 까만 양복 위에 시든 장미를 꽂고 있는 것처럼 전혀 어울리지 않는다.

핵심에서 벗어난 것은 일체 말하지 않는다면 우리들의 이야기는 당연히 더 확실한 것이 될 것이다. 그렇게 함으로써 우리들은 타인의 기분을 상하게 하지 않으며, 사람을 화나게 한다거나 쫓아 버리지 않고 언제까지나 자신의 편으로 만들어 둘 수 있는 것이다.

일시적인 기분을 자제하여 불필요한 이야기를 하지 않도록 주의하기 바란다. 때때로 '이런 이야기를 하는 데 소중한 시간을 투자할 가치가 있는가?'라고 반성해 보기 바란다. 이러한 반성을 위해서 소비하는 단 2초는 하루에 5분이나 10분, 또는 15분 동안의 쓸데없는 이야기를 한다거나 언쟁을 벌이는 시간을 절약하는 데 큰 효과가 있다.

그렇다고 입에 테이프를 붙이고 있을 필요는 없지만 하루 종일 이야기를 해서는 안 된다. 지나치게 사교적인 이야기는 당신의 정력을 소모하는 가장 최대의 원인이 된다.

작가 소피 카는 여성의 큰 결점은 지나치게 말하는 것이라고 지적하고 있다. 음식, 옷, 아이들의 일 등은 언제나 그녀들의 좋은 이야깃거리이다. 똑같은 것을 몇 번씩이나 반복해서 말하고 있다는 것을 본인들은 깨닫지 못한다.

어떤 일에 대해서 말할 경우, 자신이 말하고 싶은 것을 아주 적은 말로 압축해서 표현할 수 있는데도 '나는 그녀에게 이렇게 말했다'라든가 '그녀는 이렇게 말했다'라는 식으로 당시에 주고받은 말을 그대로 재현하는, 소위 대화적 표현을 빈번하게 사용하는 사람이 있다.

각본을 쓰는 경우라든가, 말한 그대로의 언어가 중요성을 지니고 있는 경우에는 대화를 사용하는 것도 필요하겠지만, 보통의 회화에 있어서 대화적 표현을 사용하는 것은 대단한 시간 낭비이다.

또 다른 유형의 사람도 있다. 누구나 당연히 알고 있는 문구를 항상 사용하고 싶어하는 사람이다. 이것 또한 쓸모없는 시간 낭비라 말하지 않을 수 없다.

하나의 단어라도 쓸모없는 것은 과감히 생략하는 습관이 시간 절약이 된다는 좋은 예로는, 로버트 F. 와그너가 뉴욕 시장으로 취임했을 때의 경우를 들 수 있다. 그는 신속하게 자신의 이름에서 주니어라는 단어를 삭제하고 성명을 발표하면서 그것에 대해 이렇게 설명했다.

"나의 임기 동안 내 이름을 간단히 로버트 F. 와그너라고 한다면 시민이나 신문기자들이 많은 시간을 절약할 수 있으리라는 생각이 들었습니다. 이것은 저에게 늘 변함없는 두터운 후의를 표시해 준 시민 여러분에 대한 저의 감사의 표시이기도 합니다."

오랫동안 뉴욕 상원의원으로서 활약한 부친 와그너가 수년 전에 사망하였기 때문에 이미 부친과 자식을 구별할 필요가 없게 되었는 데도 그의 이름에 주니어라는 단어를 붙이는 것은, 그의 재임기간 동안 많은 시간을 낭비하게 할 것이라는 그의 생각은 정말 대단한 것이다.

13
감정 제어법을 배워라

감정을 제어하는 법을 알고 있는 사람은 감정에 휩쓸리는 사람들보다 짧은 시간 안에 더 많은 일을 할 수 있다. 노여움이라든가 공포라든가 그 밖의 감정은 체력을 소모시키는 나쁜 감정이다. 따라서 이러한 감정 역시 정확하게 제어할 수 있으면 더 많은 힘을 발휘할 수 있을 것이다.

감정이란 매우 강해서 원하는 대로 만들어낼 수도 없고 그렇다고 없애버릴 수도 없다. 그런 까닭으로 감정이 생기는 때를 파악하여 멋대로 발현하는 것을 억누르고 옳은 쪽으로 이끌어야 한다.

그러면 어떤 방법이 좋은지 몇 가지 예를 들어보자.

①노여움이라는 감정 : 노여움이라는 감정은 우리가 가장 쉽게 볼 수 있는 장애이다. 누구나 공연히 화가 나서 일이 손에 잡히지 않았던 때를 어렵지 않게 기억할 수 있을 것이다. 대개의 경우 화를 내게 되는 대상은 타인이나 어떤 일에 대해서인데, 그 감정을 억누르려고 해도 쉽게 하지 못하는 경우가 많다. 이런 경우의 해결책은 다음과 같다.

먼저 화를 내는 대상을, 무례하다고 생각되는 사람이나 어떤 일이 아니라 그 진정한 원인으로 바꾼다. 화내는 동안만큼의 당신의 시간을 소비시키고 있는 것은 그것을 깨닫지 못하는 당신의 능력인 것이다.

당신이 화내는 대상이 실제로 자기 자신임을 알게 되면 화는 어느새 가라앉아 버릴 것이다. 당신을 화나게 하는 상황에 따라 당신의 실제 성격이 폭로되는 것이다. 당신이 화를 냈을 때 가장 명백하게 폭로되는 점이 당신의 가장 큰 약점이다.

②분개라는 감정 : 이것은 화보다도 더욱 강한 감정이다. 그 해결책은 다음과 같다.

예를 들어 어떤 사람이 당신을 비난했다고 하자. 그런 경우 그 비난이 정당하건 그렇지 않건 조용히 앉아 마음을 가라앉히고 잠깐 동안 생각하라. 그러고 나서 원기를 되찾아서 그 사람의 입가를 응시하라. 그렇게 하면 당신의 관심은 그 사람이 말한 말에서 동작으로 전환되기 때문에 감정적인 중압감으로부터 해방될 수 있다.

14

잠재의식을 활용하라

앞에서도 말했듯이 당신의 일을 아랫사람에게 맡기는 것은 시간을 절약한다는 면에서 매우 효과적이다. 그런데 당신의 시간을 절약할 수 있도록 당신이 언제나 사용할 수 있는 아랫사람이 또 한 사람 있다. 당신의 일을 도와주기 위해서 늘 준비하고 있고, 평소에 당신이 이용할 수 없는 시간에 어떤 일을 완성시켜 줄 사람. 당신이 지금까지 알아차리지 못한 바로 잠재의식이다.

드 루리유의 설명에 의하면 잠재의식은 당신의 일의 한쪽을 분담해 준다고 한다. 그것은 새로운 아이디어를 만들어 줄 뿐 아니라, 이미 마음 속에 갖고 있는 아이디어를 발현해 주기까지 한다.

그러면 시간 절약을 위해서 이 힘을 어떻게 이용하면 좋을지에 대해서 알아보도록 하자.

①먼저 당신이 어떻게 하고 싶다고 생각한 것, 예를 들어 어떤 아이디어, 또는 일의 해결방법 등을 확실하게 마음 속에 그리기 바란다.

②그것에 관계가 있는 자료를 읽고 연구하라. 이렇게 하면 당신의 머리 속에 들어오는 것은 모두 정리되어 잠재의식은 당신 자신을 위해서 이용할 수 있는 자료가 될 수 있는 것이다.

③정신을 통일하기 위해서 조용한 시간을 택하여 잠재의식에게 '나는 이런 일을 가지고 있다……. 나는 이렇게 하고 싶다.'라고 자주 말해 준다.

④몇 분 동안 그 문제에 정신을 몰입시켜라. 그렇게 할 수 있도록 평소에 훈련해 둔다. 만약 준비를 위한 자료나 아이디어를 생각하고 싶을 때에는 일정한 시간을 두는 것도 괜찮다.

⑤잠재의식에게 특별한 임무를 주는 가장 좋은 시간은 잠자기 직전이다. 잠잘 때라든가 방심 상태일 때 임무를 맡기는 것이 가장 효과적이다.

⑥일정한 기간까지 그 일에 대해서는 모두 잊어버려라. 그리고 잠재의식이 정확히 무엇인가를 파악했다는 신념을 자신에게 주기 바란다. 처음부터 완전한 해결을 기대하지 않는 것이 좋다. 몇 번씩 되풀이하다 보면 어느샌가 잠재의식이 당신이 원하고 있는 아이디어나 방법을 제공해 주게 된다. 그러므로 그것을 의식적으로 생각할 시간을 낼 필요는 조금도 없다.

15
시간을 낭비시키는 친구, 절약해 주는 친구

우정이란 인간의 생활을 의미있게 해주는 영원한 기반이

라는 말을 우리들은 예로부터 들어왔다. 진정한 우정을 존중하는 것에 대해서 우리들은 인색하지 않지만, 소위 친구라고 부를 수 있는 사람들이나 지인(知人)이라고 부르는 사람들 중에는 우리의 생활에 방해가 되는 사람도 있다. 여기에서 중요한 것은 우리들이 그러한 사실을 알지 못한다는 점에 있다.

이런 사람들은 우리들의 시간을 낭비시킬 뿐만 아니라 돈이나 정력을 낭비시키고, 게다가 중요한 것은 서로의 진정한 친구 관계를 방해한다.

데이비드 시버리는 생활을 풍요롭게 해주는 친구를 사귀는 것은 시간절약이라는 점에서 보아도 대단한 이익이라고 표현하고 있다.

그러면 도대체 어떻게 하면 그런 친구를 사귈 수 있을까? 이점에 대해서 시버리나 그 밖의 사람들의 의견을 소개해 보기로 한다.

①먼저 자신의 친구를 '노력형'과 '태만형'으로 나누어 이름을 적고, '노력형'에는 플러스, '태만형'에는 마이너스 기호를 붙인다.

전부 플러스 표시가 되어 있다면 당신은 실로 대단히 행복한 사람이라 할 수 있다. 만약 마이너스가 많다면 이런 사람들이 당신의 시간과 정력을 낭비시키고 있다는 사실을 잘 생각해 보아야 한다.

3분의 1이 마이너스라면 당신의 생활도 마이너스이다. 플러스인 3분의 2만을 친구로서 남겨 둘 수 있으면 당신의 생활은 보다 풍요롭고 보다 충실하게 될 것이다.

②'태만형'인지 아닌지를 정하는 데는 다음과 같은 것이 표준이 된다.

그 사람은 당신 집에 왔을 때 언제나 편안치 못한 얼굴인가? 그리고 제일 먼저 불평을 말하는가?

그 사람은 언제나 최근의 살인 사건이라든가 세금이 오른 이야기라든가 전쟁의 위험성 같은 소문에 대해서만 말하고 돌아가는가?

당신의 일이나 예정 또는 흥미를 무시하고 자신만의 소극적인 이야기만 하는가?

그 사람은 언제나 비관적이며 무엇에 대해서도 소극적인 것만을 말하고 싶어하는가?

그 사람은 언제나 억누르는 듯한 태도로 충고하는가?

그 사람은 소극적이며 내성적인가?

만약 당신의 친구 중에 이러한 사람이 있다면 그런 사람과의 친구관계를 하루빨리 정리하라. 진정으로 서로에게 유익한 깊은 우정이 생길 가능성이 없는 우정에 당신의 아까운 시간을 소비할 여지를 없애기 바란다.

16
교제 시간을 활용하라

교제는 크게 두 가지 부류로 나눌 수가 있다. 그 하나는 돈독한 우정을 쌓아가는 친구 관계처럼 교제하는 데 쓰여지는 시간의 1분 1초가 알차고 의미있는 경우이다. 또 하나는 앞에와는 정반대로 아까운 시간만을 없애버리거나 오히려 자기 자신에게 해가 되는 것들을 체험할 수밖에 없는 바람직하지 못한 형태의 교제이다.

댈라스에 있는 나이맨 마커스 사 사장인 스탠리 마커스는, 평소 대부분의 사람들이 사교에 대해서 뚜렷한 주관을 가지고 있지 않기 때문에 자기 자신은 물론이려니와 타인의 소중한 시간까지 쓸데없는 것에 허비하도록 유도한다고 생각하고 있었다. 그래서 그는 주최측에서 식사가 시작되는 시간을 알려 주지 않는 한 어떤 초대에도 응하지 않겠다고 결심하게 되었다. 그리고 아내에게 그 계획에 동참해 줄 것을 제의해 아내의 동의를 얻기에 이르렀다.

마커스가 이러한 결심을 하게 된 이유는 다음과 같다.

"요즈음 흔히 행해지고 있는 만찬을 보면 따분하고 지리한 칵테일 파티 시간이 너무 많은 부분을 차지하고 있습니다. 손님들에게는 7시까지 도착해 달라고 신신당부를 해놓고, 정작 10시가 넘어서야 식사를 제공하는 경우가 허다하지요. 7시에 내놓으려고 준비했던 음식을 10시에 먹게 되니 음식맛도 별로지요. 이런 폐단 때문에 많은 사람들이 자신에게 부여된 3시간을 주최측에 강탈당하는 것입니다. 그것은 크나큰 잘못입니다. 그래서 저는 만찬이 나오기 직전의, 이를테면 마지막 칵테일이 제공되는 시간에 연회장에 도착할 수 있도록 계획을 잡습니다. 무엇과도 바꿀 수 없는 나만의 소중한 시간을 시시껄렁한 이야기를 하는 데 허비할 수는 없으니까요."

히맨 유다 샤하텔 목사는 또 다른 방법으로 시간을 절약하고 있다. 그의 말에 의하면 목사로서 자신이 가진 가장 큰 특권이자 의무 중의 하나는 가정이나 병원에 누워 있는 환자들을 방문하여 위로하는 일이라고 한다. 그는 상당 기간 동안 그 일을 오후에 해왔다. 그런데 여러 가지 일들이 겹쳐 시간을 변경해야 했다.

결국 그는 이른 아침시간을 이용하기로 마음먹었다. 그런데 효과는 놀랄 만큼 좋았다. 모두들 한가한 시간이기 때문에 기다리는 수고가 덜어졌고, 많은 시간이 절약되었으며, 환자들도 상쾌한 아침에 목사의 방문을 받을 수 있게 되어 더욱 좋아했다.

17
과감하게 일어나라

우리들이 시간을 낭비하는 가장 큰 원인 중의 하나는 자신이 가고자 하는 시간에 벌떡 일어나 "안녕히 계십시오."라는 말을 하지 못하는 데 기인하고 있다. 또한 맨 처음 "이제 가 봐야겠는데요."라는 말을 한 뒤 실제로 대문을 나서기까지 한 시간 이상이나 걸리는 경우도 있다. 이러한 경우 마지막 시간이라는 것은 지금까지 한 말의 되풀이에 불과한 것이다.

물론 무례해서는 안 되지만 방문을 하여 몇 분 내에 용무를 마치고 바로 작별을 고해도 상대방이 불쾌함을 느끼는 경우는 거의 없다. 오히려 자신의 시간을 충분히 활용할 수 있는 기회가 길어지므로 내심 환영하고 있는지도 모른다. 용무가 끝났으면 과감하게 일어나라. 그리고 "이만 돌아가겠습니다."라고 작별을 고하라.

18
'아니오'를 익혀라

사람들과의 교제에 있어 '아니오'라는 단어를 효과적으로 사용하는 일은 매우 중요하다. 이 단어를 적절하게 이용하면 쓸데없는 일에 시간을 낭비하지 않아도 된다.

어떤 일을 하는 데 있어 자신의 의지와는 상관없이 주변의 여건이나 체면을 고려하여 '그렇습니다'를 연발하다 보면 나중에 혼란을 겪을 수 있으니 주의해야 한다.

'아니오'라는 단어를 익히는 일은 보다 중요한 일을 위해 시간을 절약할 수 있다는 장점 이외에도 자기 나름의 생활철학과 주체성을 심어 주기에 바람직하다.

상대방에게 불쾌감을 안겨주지 않는 한도 내에서 '아니오'라는 말을 적절하게 사용하라. 이 단어를 배우지 않으면 나에게 주어진 시간을 타인이 소유해 버리는 것을 방치하는 결과를 맞이하게 된다.

19
물건을 내다버려라

일상의 공간을 정리하지 않으면 많은 시간을 허비하게 된다. 우리의 주변에는 아무곳에도 소용되지 않는 잡동사니가 지나치게 많이 널려 있다. 우리에게는 무엇이든 자기의 소유로 하고자 하는 본능이 있어 필요없는 물건도 쌓아놓기 일쑤이다.

소용없는 물건은 과감하게 버려라. 정말 버리기가 아깝거든 창고에다 보관하라. 생활을 어지럽히는 잡동사니는 우리의 활동을 둔하게 할 뿐만 아니라 우리의 시간을 앗아가 버린다.

콜 포트는 자신의 집에 널려 있는 잡동사니를 정리해 목록을 만들어 보았다.

추측컨대 당신의 경우에도 집을 더럽히기만 할 뿐 쓸모없는 물건이 많이 있을 것이다.

①빈 콜라병, 비스킷과 초콜릿 포장 박스, 고장나서 사용하지 않는 녹음기.

②단, 허리띠, 그리고 쓰다 남은 호스.

③짝이 맞지 않는 트럼프, 구멍난 고무장갑, 깨진 화분.

④결혼식 초대장, 지금은 입을 수 없는 아내가 짠 털옷.

⑤젖먹이 아이의 장난감, 너무 아까워서 사용하지 않다가 시기를 놓쳐 버린 그 밖의 여러 가지 물건들.

포트는 여기에 덧붙여서 이렇게 말한다.

"우리 주위에는 부서지지 않은 상자나 종이, 그리고 노끈 같은 하찮은 것들을 도저히 버리지 못하는 사람이 의외로 많습니다. 그러나 주위를 한 번 둘러보세요. 만약 당신이 용기를 내서 주변의 잡다한 물건들을 버리거나 정리한다면 기분도 상쾌해지고, 뭔가를 찾을 때 무척 용이하다는 사실을 금세 알 수 있을 것입니다."

제7장
독서와 기억

독서는 가장 중요한 생활기술 중의 하나다. 그러나 셀윈 제임스가 미국 내에 있는 400개의 독서클럽을 대상으로 실시한 설문조사에 따르면 다섯 명 가운데 세 명이 1분에 겨우 250단어를 읽어 낼 수 있다는 결과가 나왔다.

이러한 사실은 현대인들이 대단히 느리고 비능률적인 독서능력을 가지고 있다는 반증인데, 독서클럽에 가입되어 있는 사람들조차 인간의 정상적인 독서능력의 20%에 지나지 않는 능력을 가지고 있다는 데에 놀라움이 있다.

한편 독서의 능력을 증진시키기 위해서는 가능한 한 독서에 더 많은 시간을 투자하는 것이 가장 중요하며, 읽고자 하는 책을 신중하게 선택해야 한다. 또한 진행의 정도에 따라 독서의 속도를 차츰 높여가다 보면 짧은 시간 안에 놀라운 효과를 얻을 수 있다.

1
독서에 많은 시간을 투자하라

작가인 리디아 로버트는 책을 많이 읽는 사람은 대부분 바쁜 사람이라고 지적하고 있다.

그들은 다음과 같은 여러 가지 궁리를 해서 독서시간을 스스로 만들어 낸다. 누구나 쉽게 할 수 있지만 거의 모든 사람들이 실천에 옮기지 못하는 독서시간을 만드는 일은 당신에게 좋은 경험이 될 것이다.

①읽고 싶은 책이나 잡지는 늘 잘 보이는 곳에 보관하라. 또한 전철이나 버스를 이용할 경우를 대비해서 항상 책을 가지고 다니는 습관을 길러라. 그리고 5분이나 10분의 자투리 시간이 쌓이고 쌓이면 엄청난 양의 시간이 된다는 사실을 항상 명심하라.

②베개 옆이나 침실의 등잔 밑에 한 권의 책을 놓아두라. 잠이 들기 전후에 책을 읽는 것은 이로운 점이 많다.

③찬장, 전화기 앞, 그리고 욕실이나 화장실에도 야무진 읽을거리를 비치하라. 공부를 한다거나 뭔가를 배운다는 딱딱한 분위기가 아닌 자연스러운 상태에서 정보를 얻어라. 그것이 머릿속에 오래 남으며 즐거움도 크다.

④병원이나 이발소, 미장원 등에서 차례를 기다리는 시간도 함부로 허비하지 말라. 좋은 책은 당신이 읽어주기를 기다리고 있다.

⑤자동차 안에도 책을 비치해 두라. 차량이 밀려 장시간

을 정차하게 되거나 수리를 위해 대기하고 있을 때, 그리
고 잠깐의 주차시간도 함부로 허비하지 말아야 한다.

2
신중하게 선택하여
알차게 섭취하라

아무리 책을 읽는 속도가 빠른 사람이라고 해도 서점에
진열되어지는 모든 신간을 독파하는 일은 불가능하다. 설
령 모든 책을 읽어 낼 수 있는 엄청난 능력을 소유하고 있
는 사람이라고 해도 여러 가지 책을 선별하지 않고 닥치는
대로 읽는다면 머지않아 그 사람의 머릿속은 갈피를 잡을
수 없는 정보나 사상의 쓰레기장이 되어버릴 것이다.

따라서 자신이 진정으로 흥미를 느끼거나 알고자 하는
욕구가 솟구치는 영역에 자신의 여력을 집중하는 것이 바
람직하다. 다음은 효과적인 독서의 비밀(?)을 적어 본 것
이다.

①시간의 여유가 그다지 없음에도 두 가지 신문을 구독
하는 경우가 많다. 습관을 바꾸는 일은 간단하지 않지만
과감하게 한 종류의 신문을 포기하라. 그리고 나머지 시간
에 독서를 하라.

②뉴스, 잡지를 충분히 활용하라. 그것들은 당신에게 세
계정세와 앞으로의 전망, 그리고 사고의 폭을 넓혀 줄 것

이다.

③서평은 반드시 읽도록 하라. 좋은 비평은 다시 한번 그 책의 중요성을 인식시켜 주고, 많은 사람들에게 충실한 안내자 역할을 해준다.

④날마다 새로운 뉴스를 분석해 보고, 중요 쟁점사항에 대해서는 나름대로 평가를 내리는 습관을 길러라.

〈뉴욕 타임즈〉에서 광고를 담당하고 있는 윌리암 홀맨 씨는 시간을 절약하면서 효과적으로 일간신문의 정보를 섭취하는 독특한 방법을 가지고 있다. 그는 매일 아침 배달되어지는 신문을 쭉 훑어보고 그날 가장 쟁점이 되어지는 내용만을 골라 스크랩을 한다. 그리고 3-4주가 흐른 후에 그 기사를 다시 한번 읽는다.

"그 사이에 사건이 일어났던 당시에는 매우 중요한 것처럼 여겨졌던 문제가 완전히 소멸해 버리는 경우가 많습니다. 또한 새로운 사안이 더 중요한 문제로 부각되어 지는 경우도 있지요. 각각의 뉴스가 어느 정도 자리매김을 해나갈 정도의 시간이 흐른 후에 그 기사를 다시 한번 읽으면 새로운 느낌을 얻을 수가 있습니다."

3
속독법을 이용하라

셀윌 잼스의 보고에 있었던 것처럼 우리들 대다수는 올

바른 독서능력의 20% 정도만을 사용하는데 그치고 있는 실정이다. 그러나 새롭고 과학적인 방법을 사용하면 비즈니스맨, 학생, 주부, 그밖의 모든 사람이 독서의 속도와 독서의 의욕을 두 배나 세 배로 향상시킬 수 있다.

  잼스가 주최하고 있는 뉴욕 독서 연구회의 조사 결과 가장 커다란 문제가 되는 것은 다름아닌 〈눈〉이다. 이는 안경이나 콘택트렌즈를 착용하면 저절로 해결되는 단순한 문제이다. 여기에 안과 계통에서 약간의 치료를 병행하면 금상첨화인데 그 근본적인 이유가 눈의 움직임에 있기 때문이다.

  사람의 눈은 여섯 개의 섬세한 근육에 의해 콘트롤 되어진다. 그 근육들은 눈이 사물을 응시하는 동안 일련의 움직임을 담당한다. 여기에서 눈이 한번 주시하는 동안 눈에 들어오는 단어의 수, 즉 눈에 찍힌 사물이 뇌에 보내지는 과정이 독서 속도를 가늠하는 잣대라고 할 수 있다. 느린 독서가는 1분동안에 150단어나 그 이하를 읽으며 보통은 250단어, 그리고 빠른 독서가는 700단어를 읽는다. 그리고 극히 일부는 1,000 - 1,800단어까지 읽어 낼 수 있는 엄청난 스피드를 가지고 있다고 한다.

  한편 빨리 읽는다고 해서 눈의 피로가 가중되지는 않는다. 오히려 독서를 하는 중간에 적절한 휴식을 취하는 등 박자를 맞추면 눈의 피로를 예방해 준다고 한다. 위의 독서연구소에서 실시하고 있는 독서훈련은 한번에 좀더 많은 단어를 보고, 좀더 빨리 의미를 파악하기 위해, 눈을 사용하는 범위를 넓히는 훈련을 하고 있다. 이를테면 시선

이 단어보다는 문장 전체에 미치게 하는 훈련인데 전문가
들은 이 방법을 〈사상단위(思想單位)〉 독서법이라고 부
른다.

　또한 독서의 속도를 높이기 위해 최근에는 속독기라는
기계가 이용되기도 한다. 속독기는 사람이 활자를 읽어감
에 따라 커텐이 읽은 페이지를 덮는 장치가 붙은 기계
이다. 이 속독기를 일정한 속도로 조정해 두면 현재 자신
이 어느 정도의 속도로 책을 읽고 있는가를 쉽게 알 수
있다. 뿐만 아니라 예민하고 신속하게 읽을 수 있도록 집
중력을 자극하는 효과도 낼 수 있다.

4
가정에서의 독서법

　제임스는 가정에서 독서를 할 때는 소음이나 방해요소가
없는 방에서 매일 30분씩 하는 것이 중요하다고 말한다.
그런 후에 점차 시간을 늘려가는 것이다. 가정에서 독서를
할 경우에는 아래 사항에 주의하기 바란다.

　①목표를 정하고 읽어라. 목표가 설정되지 않은 독서는
중간에 흐트러지기 쉽다. 주제에 관한 모든 사항을 완벽하
게 섭렵하기 위해서도 그것은 필요하다. 읽고 있는 것에
흥미가 붙으면 자신도 모르는 사이에 열심히 읽게 되고,
쉽게 잊어버리지 않는다.

②독서를 할 때 혹시 자신의 입술이 움직이고 있지는 않은지에 대해 늘 확인하라. 또한 소리를 내서 책을 읽는 방법은 바람직하지 않다. 책을 읽을 때는 조용히 속으로 읽으라. 속삭이는 소리도 내서는 안 된다.

③한 자씩 글자를 좇는 예전의 독서방법에서 과감하게 탈피하라. 한 번 보면 문장 전체를 이해할 수 있도록 자신의 눈을 훈련시켜야 한다. 경험이 쌓이면 자신에게 배달된 편지를 읽는 것처럼 손쉽게 독서를 하게 된다. 사람이 말하는 것을 들을 때에 단어를 하나씩 떼어서 듣는 사람은 없다. 독서도 마찬가지이다.

④조금씩 빨리 읽을 수 있도록 끊임없이 노력하라. 또한 한 번 읽은 곳을 되풀이해서 읽지 마라. 만약 책을 읽다가 줄을 놓치면 그 책을 다 읽은 후에 훑어보면 된다.

⑤독서를 하면서 책에 낙서를 하면 안 된다는 고정관념을 버려라. 어떤 책이나 마찬가지이다. 낙서는 책을 더럽힐지는 모르지만 이해를 돕는데 일조를 한다.

⑥시시한 문구는 건너 뛰어라. 중요하지 않은 문구를 건너 뛰어 읽는 방법을 터득하게 되면 소중한 시간을 상당히 절약할 수 있다.

⑦긴 문장 속에서 중심이 되는 내용을 자신의 단어로 고쳐 읽어라. 그것은 본래의 개념을 이해하는데 도움을 줄뿐만 아니라 그 내용을 완전한 자기의 것으로 만들 수 있는 찬스를 가져다 준다.

⑧책을 읽는 동안에 분석하고 비평하며, 예견하고 선택하라. 또한 비교하고 감탄하며 매도하지 않는다면 그 독서

는 시간 낭비에 지나지 않는다.

독서의 속도는 무엇을 읽고 있느냐에 따라 차이가 생기게 마련이다. 신문을 읽는 것은 기술서나 전공서적을 읽는 것보다 빠를 수밖에 없다. 따라서 쉬운 것부터 습관을 들여서 차츰 어려운 단계로 접어들면 큰 효과를 볼 수 있다.

5
문고판을 적절히 이용하라

만약 자신이 읽고자 하는 서적을 모두 읽을 시간이 없다면 문고판을 이용하는 것도 하나의 방법이다. 문고판은 대부분 매년 세간의 주목을 받은 서적을 요약하고 정리해 둔 것이 많으므로 대강을 파악하기에는 용이하다. 특히 이러한 부류의 책은 작가가 다시 쓰는 것으로 오인하는 사람들이 많지만 그것은 틀린 생각이다. 단지 내용을 요약하고 있다는 사실을 기억하기 바란다.

6
음악에도 문고판이 있다

문고판은 서적에만 있는 것이 아니라 근래에 들어 음악

에도 이용되고 있다. 〈리스나스 다이제스트〉라는 RCA빅터의 레코드집은 5시간 50분이나 걸리는 클래식 음악을 두시간 정도로 압축시켰다. 이 〈리스나스 다이제스트〉는 레코드 수집을 하고 싶지만 어디에서부터 시작을 해야할지 모르는 음악 애호가들을 위한 기본적인 라이브러리로 고안되어져 있다. 이러한 형태의 음악은 당신에게 짧은 시간에 좋은 음악을 선사하여 줄 것이다.

1
기억력을 향상시켜라

기억력을 향상시키는 훈련을 해두면 대단히 많은 시간을 절약할 수 있다. 어떠한 사실----약속 시간, 누군가의 이름, 장소와 날짜 등----을 망각한다는 것은 막대한 시간과 정력의 낭비를 초래한다. 메모도 없이 고객의 주소를 생각해 내거나 물건의 가격, 혹은 매상고 등을 기억하여 자유롭게 인용할 수 있는 비지니스맨은 대부분 성공하며, 타인으로부터 존경을 받기도 한다.

물건을 판매하는 경우에도 기억력은 상당한 도움이 된다. 단지 불행한 사실은 많은 비지니스맨이 자신의 기억력에 확신을 가지고 있지 않다는 사실이다. 그들은 대부분 자신이 무언가를 기억하는 능력이 매우 빈약하다고 생각하기는 하지만, 업무만으로도 바쁜 와중에 기억력 향상을 운

운하는 것은 재론의 가치가 없다고 생각한다.

기억력에 관한 여러 가지 책을 출간하여 세계적으로 주목받고 있는 블르노 파스트 박사는 기억하는 능력은 태고적부터 행해져 왔으며, 그 덕택에 지금의 역사가 존재할 수 있었다고 말한다. 한편 요즈음은 기억술의 향상을 위해 특별강좌를 개설하고 있는 학교도 생겨나고 있다.

파스트 박사는 지금까지 많은 방법을 동원해 기억력에 관한 연구를 해왔는데 그 가운데 가장 효과가 좋은 것은 어떤 이름이나 사실을 자기 주변에 있는 물건과 연결해서 기억하는 방법이라고 한다. 그는 그러한 방법을 다음과 같이 설명하고 있다.

"예를 들어 제가 아내에게서 화재보험에 관한 증서를 다시 써서 보험회사로 보내 달라는 부탁을 받는다면, 나는 곧 사무실의 제 책상이 타고 있는 광경을 상상합니다. 그래서 사무실 문을 여는 순간 타고 있는 책상의 생생한 영상이 보험증서를 쓰라고 제게 알려 주지요."

파스트 박사의 말에 따르면 기억력이란 일종의 근육과 같은 것이어서 쓰면 쓸수록 강해진다고 한다.

8
기억력을 늘리는 보강책

도널드 레알 교수는 다음과 같이 설명한다.

"만약 여러분의 기억력이 태어날 때부터 다른 사람보다 현저하게 떨어진다면, 당신의 기억력을 다른 사람과 똑같이 향상시키기는 어려울 것이라 생각하는 것도 무리는 아니지요. 그러나 실망이나 체념을 하기 전에 먼저 시도를 해보는 마음가짐이 중요합니다. 이 세상의 누구라도 자신이 태어나서부터 두세 살이 될 때까지의 과정을 기억하는 사람은 없습니다. 그러나 성장을 하면서 기억하는 능력을 어떻게 키우느냐에 따라 서서히 차이가 생기는 법이지요."

레알 교수는 기억력을 증강하고자 하는 사람에게 다음과 같은 보강책을 제시하고 있다.

①기억하고 싶은 것에 가능한 한 주의를 집중할 것.

②읽은 것, 들은 것, 본 것을 스스로 말해 보거나 생각해 볼 것. 그리고 이러한 방법을 습관화 할 것.

③새로운 것은 무엇이든 기억하고 있는 것과 연관시켜서 생각할 것. 예컨대 누군가에게 보낼 선물을 사야 한다면 지금까지 받았던 선물 가운데 가장 기뻤던 것을 생각해 보라. 새 단어를 만나게 되면 그것과 비슷한 단어를 생각해 보고 또 그것을 이용하는 장소를 생각할 것.

④대부분의 사람들에게 있어서 오전시간이 오후보다 기억력이 좋다. 특히 그중에서도 08 : 00시부터 10 : 00시 사이가 최고라고 한다. 그 이유는 그 시간에는 인간의 신경 조직이 아직 새로운 정보를 채우고 있지 않은 상태이기 때문이다. 그러나 늦은 오후가 되면 기억력이 6%에서 10% 정도나 감소하게 된다. 그리고 당신이 피곤해 지거나 잠을 자고 나면 기억력은 더욱 그 능력을 잃어간다.

9
최소의 시간으로
최대의 효과를 올린다

펜실바니아 주의 스크라이튼에 있는 국제통신학교 교무 주임 존 C. 빌롱은 하루 24시간을 활용하는 일에 대해서라면 자타가 공인할 정도로 일가견을 가지고 있는 사람으로 많은 이에게 그의 아이디어를 제공하고 있다.

그가 근무하고 있는 학교는 직업을 가지고 있으면서 배우고자 하는 사람에게 통신교육을 하는 곳이다. 그곳은 이미 600만 명 이상의 졸업생을 배출했는데, 이 학교에서 학생들을 위해 고안한 아이디어는 당신에게도 많은 도움이 되리라고 생각한다.

①직장에서의 업무가 끝난 후에 하는 공부는 자신에게 주어진 특혜라고 생각하라.

하루의 업무를 예전보다 빨리 끝낸 것에 대한 보수로 공부할 기회가 주어졌다고 생각할 것. 이것을 끝내면 더욱 훌륭한 상이 기다리고 있다고 생각하면 마음이 부풀어 능률이 저절로 향상된다.

②공부하는 시간을 배정할 때는 가능한 한 짧게 여러 번 반복하는 스타일을 견지하라. 하루에 한 번씩 한 시간을 공부하는 것보다 오전과 오후에 반 시간씩 나누어서 하는 것이 바람직하다. 실제의 시간은 같지만 20분씩 3회에 걸쳐서 하면 더욱 효과적이다.

10
눈에 띄는 곳에 보관하라

노벨 평화상 수상자인 랄프 반쯔 박사는 일리있는 시간 절약법을 생각해 냈다. 그가 외국업무로 인해 독일어를 배워야 했을 때 시간이 부족해서 늘 곤란을 겪었다. 그는 문법책에서 몇 장을 베껴 그것을 서재의 벽에 붙여 두었다.

"어떤 일을 하다가도 고개를 들면 언제나 메모지가 눈에 들어와 쉽지 않은 독일어를 익힐 수가 있었습니다. 그래서 저는 지금도 새로운 것을 배우고자 할 때는 그 방법을 이용하곤 하지요."

사무실이나 작업장, 그리고 부엌에 알림판을 설치하여 기억해 두고 싶은 내용을 게시해 두어라. 또한 잊기 쉬운 사항은 탁자나 의자, 그리고 자신의 눈에 가장 잘 띄는 장소에 붙여 둬라. 나아가 출퇴근하는 시간을 충분히 활용하고 싶거든 작은 카드 화일을 만들어 사용하는 것도 바람직한 하나의 방법이다.

11
굿 아이디어 구상법

광고업자인 엠마뉴엘 크쯔노이는 적시에 적절한 아이디

어를 늘 제공하여 많은 사람들에게 호평을 받는 사람이다. 그를 잘 모르는 사람들은 그가 특정한 아이디어를 착상해 내는데 상당히 많은 시간을 소비할 것이라고 생각하곤 하는데, 실제로 그는 아주 약간의 시간을 사용할 뿐이다.

그러면 과연 그 비결은 어디에서 기인하는 것인가? 그는 평상시에 색다른 아이디어가 떠오르면 그것을 저축해 둔다. 언제나 멋진 말을 토해 내는 후레드 알랜, 밀튼 발, 쟈키 크레송, 봅 호프 등의 유명한 희극인들에게 그 비밀을 배운 엠마뉴엘은 유익한 아이디어를 평상시에 수집함으로써 새로운 아이디어를 생산해 내는 시간을 절약하고 있다. 당신도 그의 방법대로 한번 시험을 해 보라.

①필요했던 적이 있었던 서적이나 흥미를 유발했던 타인의 이야기를 항상 모아두라.

②흥미를 끌거나 재미있는 부분에는 당신 자신의 생각이나 의견을 첨가해서 보관하라. 그 메모지의 한쪽에 색인을 붙여 두면 필요할 때 쉽게 찾을 수 있는 장점도 있다.

③항상 눈에 보이는 곳에 그 화일을 보관하라. 화일은 기억을 보관하는 가장 적절한 창고이다.

12
독서는 시간을 절약한다

책은 모든 지식의 근원지이다. 만약 그 편의를 충분히

활용하지 않은 사람이 있다면 그 사람은 시간절약에 대해
마냥 헛손질을 하고 있는 것이나 다름없다. 요리를 하거나
화단을 꾸미는 일, 그리고 집 안의 냉장고를 고치는 일이
나 운전을 배우는 등등 무엇을 하려고 하든지 간에 그 문
제에 대해 참고가 될 만한 책이나 팜플렛이 있다면 무척
편리하다. 그리고 그것은 현저하게 시간을 절약하도록 도
와준다.

국회도서관에서 근무하고 있는 퀸시 맨호트는 이 세상
사람들의 95%이상이 책을 통해 타인의 경험을 배울 수
있다는 사실을 망각하고 있다고 자신있게 말한다. 책이란
필요한 때에 언제나 쉽게 활용할 수 있는 지식의 샘이며
보물임을 명심하라.

〈프린터스 잉크〉의 발행자이자 사장인 라라비 씨는 업무
가 바빠서 독서할 짬을 낼 수가 없다고 말하는 사람이 많
음을 지적한다. 그렇다고 해서 그 사람들이 직접 경험을
쌓고 있는 것도 아니다. 위대한 지도자로 불리워 지는 거
의 모든 사람들은 엄청난 독서가이다. 책에 씌여져 있는
타인의 경험을 간접적으로 체험하는 일은 매우 중요하다.
시간이 없다는 이유로 독서를 하지 않는 사람은 머지않아
사회의 낙제생으로 전락할 것이다.

제8장
시간을 절약하는 기술

　바쁜 사람은 자신에게 주어진 시간을 효과적으로 사용하기 위해 여러 가지 궁리를 한다. 특히 유능한 비즈니스맨은 시대에 뒤떨어진 생각을 가지고 있거나 낙후된 기계와 설비를 사용하는 것이 시간과 정력의 낭비를 초래한다는 사실을 잘 알고 있다. 현대는 경쟁의 시대이다. 한 시간의 허비가 멀지않아 10년의 후진을 조장한다는 사실을 명심해야 한다.

1
전화의 효용가치

전화는 근대문명이 낳은 최대의 시간 절약자인 동시에 최대의 시간 낭비자이다. 미국 부동산업계의 큰 손인 윌리암 제켄돌프 씨는 전화를 가장 많이 이용하는 사람 중의 하나이다. 그는 수백만 달러에 달하는 거래를 거의 전화를 이용하여 하기 때문에 밤낮없이 전화통에 매달려 있다. 배 안에서도, 기차 안에서도, 식탁에서도, 심지어는 침실에서도 그는 쉴 새 없이 통화를 한다. 그는 나에게 말했다.

"저는 보통 사람들보다 전화를 훨씬 많이 사용하고 있습니다. 그렇지만 세상에는 시간을 절약할 수 있는 전화의 장점이나, 전화를 효과적으로 사용하는 방법을 몰라서 오히려 전화에게 이용당하는 사람이 많은 것 같습니다."

2
담당자와 직접 통화하라

어떤 일을 처리하고자 할 때는 항상 담당자와 직접 통화를 해서 결론을 얻어야 한다. 만나서 이야기하면 시간이 많이 걸리는 일을 예의를 갖춘 전화 한 통화로 간단히 해결할 수도 있으니 명심하기 바란다. 그리고 전화를 할 때는 다음 사항을 지키도록 노력해야 한다.

①담당자를 찾아라. 어떤 특정문제에 대해 관계자와 직접 통화를 하고 싶다는 입장을 확실하게 표명해야 한다. 예를 들어 〈지난 화요일 오후 세 시에 여성의류 코너에서 판매를 담당했던 사람과 통화를 하고 싶다〉고 명확하게 자신의 의사를 전달하는 것이다.

②당신이 통화를 하고 있는 상대방의 이름을 확실하게 알아두고, 통화를 하면서 그 이름을 사용하기 바란다. 상대방의 이름을 부르는 단순한 행위는 친숙함을 주어 자신이 필요로 하는 정보를 빠르고 쉽게 얻을 수 있게 한다.

③듣고 싶은 내용을 미리 메모지에 정리하여 두고, 용건이 끝난 것은 하나씩 지워가면서 통화를 하라.

④전화를 한 이유에 대해 지루하게 되풀이하여 설명하려 들지 말라. 무슨 내용이든 간단하고 솔직하게 설명하라.

3
전화하는 데도 때가 있다

당신은 아마 가족이 아닌 다른 사람들을 아무때나 당신의 집에 들여놓지는 않을 것이다. 그런데 전화에 대해서는 어떤가? 밤늦은 시간에 전화가 와도 개의치 않고 통화를 하고 있지는 않은가?

어느 유명한 여배우는 밤늦게 전화가 오면 목소리를 바

꿔 전화를 받는다. 그녀는 "저는 가정부입니다. 그분은 지금 외출중이어서 통화가 불가능하겠군요."라고 말한다.

한편 전신전화국의 추정에 따르면 총 통화의 1%정도가 잘못걸린 전화라고 한다. 만약 번호를 잘못 눌렀다면 아무 말없이 수화기를 내려 버리거나 번호를 다시 확인하는 행동을 하지 말고 정중하게 사과를 한 뒤에 끊어야 한다.

4
잡담은 잡담일 뿐이다

시간을 절약하는 또 하나의 방법은 전화를 걸어 끝없이 잡담하는 행동을 과감히 그만두는 것이다. 지난 밤의 드라마가 어쨌다느니, 야구의 점수가 어떻다는 등 필요없는 잡담은 당장 그만두라. 또한 전화를 건 용건을 말하기 전에 농담을 해서 분위기를 부드럽게 해야 한다는 사고방식도 고치기 바란다.

5
전화의 올바른 사용방법

전화는 우리가 운용하고 있는 통신수단 가운데 가장 시

간을 많이 절약하게 도와주는 문명의 이기이다. 나아가 전화의 올바른 사용을 통해 그 장점을 더욱 다양하게 이용하는 것도 깊이 생각해 볼 필요가 있다.

①우선 눈 앞에 전화번호를 두고 번호를 누른다.

②상대방이 전화를 받을 때까지 차분하게 기다리는 인내를 가져라. 그러나 자신에게 전화가 걸려왔을 때에는 상대방이 전화를 끊고 다시 걸지 않도록 빨리 받아야 한다.

③신호음이 떨어지고 상대방이 전화를 받으면 "저는 이몽룡이라고 하는 사람입니다. 성춘향 씨와 통화를 하고 싶습니다"라고 확실하게 자신의 신분을 밝혀 상대방이 불필요한 짐작을 하지 않도록 해야 한다. 특히 친한 사이라고 해서 상대방이 당신의 목소리를 알고 있을 것이라고 속단하여 함부로 지껄이지 말기 바란다.

④만약 용무를 보고자 하는 상대방이 부재중이면 자신의 전화번호와 이름을 남겨두라.

⑤전화기 옆에 항상 메모지와 볼펜 등을 비치해 두기 바란다. 요점을 정리해서 다른 사람에게 메모를 남겨두는 것은 시간의 절약과 실수를 줄이는 첩경이 된다.

6
전보의 편리성

①주문 수령 : 주문서 작성을 최소한의 양식으로 간략

화하고, 대신 새로운 고객에게 당신의 마음을 전한다.

②신용상태 타진 ： 거래 개시 및 주문서 송부를 촉진한다.

③출하촉진 ： 주문서나 명세서를 우송한 후, 재차 전보를 보내서 재촉하면 관심을 끌 수가 있다.

④가격변동 보고 ： 일정구역 또는 전국에 걸쳐 모든 단골손님에게 가격변동 정보를 제공하면 곧 주문을 받을 수 있다. 그와 같은 방법을 여러 가지 정보의 제공에 이용하면 높은 효과를 올릴 수가 있다.

⑤판로개척 ： 카달로그를 비롯한 홍보용 책자에 주문서 양식을 동봉하면 두 번의 수고를 하지 않아도 되며, 상대방에게 사고자 하는 마음을 배가시켜 여러모로 유리하다.

⑥보고서 처리 ： 시세조회 또는 신청, 조회사항 답장, 주문 및 출하전달, 재고 보충, 미납대금 징수의 신속화에 도움이 된다.

7
통신용 테이프

영국의 엘리자베스 여왕 부처는 1953년부터 1954년까지 세계일주 여행을 했다. 이 기간동안 그들은 자신의 목소리를 녹음 테이프에 담아 런던의 버킹검 궁전에 있는 자녀들에게 보냈다. 아이들은 녹음 테이프를 귀담아들었다. 그리

고 이번에는 아이들이 모여 앉아 녹음을 한 뒤, 지구의 반
대편에 있는 부모에게 답신으로 보냈다.

영국의 왕실이 녹음 테이프를 이용해 편지를 나누었다는
사실은 당시 토픽 기사로 취급되어 대단한 반향을 일으
켰다. 그러나 미국에서는 이미 20세기 초부터 많은 사람들
에 의해 사용되던 보편화된 통신수단이었다. 말하는 편지
가 어떤 이유로 급속도로 퍼지게 되었는지는 아무도 모
른다. 단지 〈존 W. 샤머〉라는 이름을 가진 레코드 제작회
사 무역부 직원이 처음으로 이용했던 것으로 알려지고 있
을 뿐이다.

샤머의 회사는 시카고에 있었는데 베를린에 계시는 어머
니가 늘 걱정이 되었다. 그러던 어느날 여느때처럼 베를린
을 왕복하는 비행기 조종사에게 주문받은 녹음기를 전달하
면서 갑자기 기발한 생각이 떠올랐다. 그는 곧 어머니의
안부를 걱정하는 자신의 목소리를 와이어 릴(테이프를 사
용하기 전의 녹음장치)에 담았다. 그리고 그 목소리는 다
음날 조종사를 통해 그의 어머니에게 전달되었던 것이다.

이 소문은 급속도로 퍼져서 대서양을 사이에 두고 있는
많은 사람들에 의해 애용되었다. 그리고 1950년 정식으로
와이어 통신클럽이 발족되기도 했다.

샤머는 다음과 같이 말한다.

"대부분의 사람들이 쓰는 것보다 말하는 것을 훨씬 쉽게
느낍니다. 그러한 이유로 편지보다는 테이프를 이용하는
사람들이 날이 갈수록 늘어가고 있는 실정이지요. 테이프
는 종이에 쓸 수 없는 여러 가지 사항들을 손쉽게 처리할

수가 있고 자신의 육성을 상대방에게 들려줄 수 있다는 장
점을 가지고 있습니다."

8
테이프를 이용하면
1인 2역이 가능하다

롱 아일랜드에 있는 패취교회의 웨슬리 오스본 목사는
매일매일 교회에서 설교를 해야만 하기 때문에 메인 주에서
열리는 집회에는 녹음으로 자신의 설교를 들을 수 있도록
하고 있다. 또한 미시간 주에 있는 알렌이라는 전기회사는
녹음 테이프를 이용해 한꺼번에 몇 명의 직원을 파견했을
때와 같은 효과를 올렸다.

한편 인생의 마지막 순간에 테이프를 이용했던 보기 드
문 예가 있다. 텍사스 주에 사는 조셉 폴이라는 72세의 할
아버지는 자신의 장례식 추도문을 미리 녹음해 두었다. 그
는 다음과 같이 말한다.

"내 장례식에 읽혀질 추도문을 미리 준비해 두면 참석한
사람들에게 나에 대해 궁금했던 것을 많이 알려주게 되어
바람직하다고 생각했습니다. 또한 나 자신도 그 장례식에
참석하고 있는 것처럼 생각되겠지요. 그래야만 내가 편안
한 마음으로 세상을 떠날 수가 있으리라는 생각이 들었어
요."

9
시간 절약 테이프

현대를 살아가는 사람들 중에는 책이나 전문잡지를 구독할 시간이 없다고 불평하는 사람이 의외로 많다. 그래서 캘리포니아 주의 의사회에서는 〈오디오 다이제스트〉라는 의학잡지에서 뛰어난 논문 30편을 선정, 요약하여 테이프에 녹음을 했다. 그리고 업무가 바쁜 의사들에게 이것을 공급함으로써 출퇴근하는 자동차 안에서 청취하도록 하여 의학상의 시사적 뉴스를 접하도록 한 것이다.

이 테이프에 대한 반응은 의외로 좋아서 미국 각 주에서 활약하고 있는 수천 명의 의사와 외국의 의사들도 예약을 해놓고 있는 실정이다. 또한 이 획기적인 아이디어가 성공을 거둠으로 해서 미국의 의사회는 일반분야와 특수분야에 걸쳐 녹음 테이프를 발행하기 위해 〈오디오 다이제스트〉 기금을 마련, 대대적인 작업에 착수하기로 했다.

또한 이 아이디어를 응용한 〈콜〉이라는 전력회사가 있다. 이 회사는 로스엔젤레스에서 전력을 공급하는 작은 규모의 기업인데 세일즈맨에게 휴대용 녹음기를 지니게 함으로써 시간과 돈을 동시에 절약하고 있었다. 그 회사의 중역 한 사람은 다음과 같이 말한다.

"이러한 것들은 심리적인 문제라고 생각합니다. 매일의 업무를 일지에 쓸 때는 일을 조금이라도 많이 한 것처럼 쓰고 싶어하는데, 육성으로 보고를 하는 것은 전혀 그 느낌이 틀리지요. 이를테면 자신이 경비를 지출한 내역을 말로 표현하기가 거북스러운 것이지요. 그래서인지 경비가 20%나 절감되었답니다. 우리 회사의 직원들 중에는 녹음기를 마치 거짓말 탐지기라고 생각하는 사람이 있는지도 모르지요."

1o
재고정리담당 테이프

녹음 테이프는 재고정리 업무에도 시간을 절약할 수 있게 해준다. 미국의 일리노이 주에 있는 록 아일랜드 육군 병기 창고에서는 담당자에게 시간을 절약할 수 있도록 한다는 측면과 실수를 줄일 수 있도록 하는 방편으로 녹음 테이프를 사용하도록 하고 있다.

재고파악 담당자는 휴대용 녹음기를 소지하고 다니면서 자신의 눈에 보이는 대로 제품 번호와 수량을 테이프에 녹음한다. 이전에는 제품별로 수량을 파악하여 장부에 적고, 그것이 틀림없는지 확인하기 위해 또다시 검수를 해야만 했다. 그러나 그러한 방법은 시간의 소비가 과다할 뿐만 아니라 눈의 피로도 엄청나게 가중시켰고, 그런 만큼 실수의 빈도도 높게 나타났다.

그러나 녹음기의 사용으로 이러한 여러 가지 폐단이 사라지게 되었다. 한편 이렇게 해서 재고에 대한 모든 녹음

이 끝나면 테이프는 검표 담당자에게 보내지며, 검표 담당
자는 테이프를 들으면서 저장번호 순서대로 펀치 레코드에
자료를 옮기는 작업을 한다.

11
수면중에 공부를 한다

멕시코의 유엔 대사 라피에르 코리너 씨는 매일 아침 수
염을 깎는 짧은 시간만을 이용해 유엔 헌장을 암기하는 개
가를 올렸다.

또 어떤 사람들은 수면을 취하는 시간을 이용해 공부를
하기도 한다. 그들은 자신이 기억하고자 하는 자료를 녹음
해 두었다가 잠을 자는 동안에 녹음기를 작동시키는 방법
을 이용한다.

이러한 테이프의 이용은 어학 공부에는 특히 유리한 점
을 가지고 있는데, 러시아어를 공부하는 텐보라는 학생도
성공을 거둔 적이 있다. 그는 러시아어를 배우려고 마음먹
고 있었으나 도저히 짬을 낼 수가 없었다. 그래서 텐보는
러시아어 한 구절과 그것의 영역(英譯)을 테이프에 담아놓
고 잠자는 시간마다 녹음기를 틀어 두었다.

그 효과는 말할 수 없을 정도로 뛰어났다. 그래서 그는
다른 과목에도 그 방법을 이용하였으며, 결국 우수한 성적
으로 대학을 졸업할 수 있었다.

12
수업시간 절약과 테이프

　미국의 여러 학교에서는 녹음 테이프를 이용해 수업을 할 수 있는 과목에 대해서는 그것을 최대한 활용하고 있다. 이를테면 어떤 과목의 경우 일부러 학교가 있는 도시까지 나올 필요없이 자기가 거주하는 마을에서 대학의 공개강의를 수강하도록 하는 것이다.

　뉴욕의 쿠퍼 유니온 대학에서는 강좌가 열리는 기간 중에 부득이한 사유가 발생해서 강의를 직접 들을 수 없는 학생들을 위해 모든 교수의 강의를 테이프에 녹음하고 있다. 또한 경제학 강의를 맡고 있는 윌리엄 트로이 교수는 학기중에 치질에 걸린 적이 있는데, 그는 침대에 누운 채 자택에서 강의와 시험을 녹음해 학생들에게 들을 수 있도록 했다. 윌리엄 트로이 교수는 자신은 물론 학생들이 12시간을 헛되이 보내지 않도록 애를 쓴 것이다.

　한편 뉴저지 주 로젤백에 사는 와이슨이라는 학생은 어렸을 때부터 지독한 눌변이라는 얘기를 자주 듣곤 했었는데, 18세가 되자 오기가 발동했다. 그래서 전국적으로 유명한 웅변대회에 참가하기로 마음을 먹었다. 그는 자신의 약점을 보완하기 위해 테이프를 이용했으며 경쟁상대의 연설도 녹음을 통해 분석했다.

　결국 눌변이라는 이유로 늘 놀림을 받던 그가 우승을 하기에 이르렀다.

13

부모의 시간을
절약해 주는 테이프

녹음 테이프는 적절하게 사용하면 집안일을 하거나 아이를 돌보는 데도 상당한 도움을 받을 수 있다. 특히 부모중에 한쪽, 혹은 두 사람이 모두 상당기간 집을 비워야 할 때는 더욱 유용하게 이용할 수가 있다.

예를 들면 직장에 다니는 엄마는 학교수업을 마치고 집에 돌아와 있을 아이들이 걱정스럽기 마련이다. 이때 녹음기를 이용하면 효과적이다. 하교 후에 집에서 해야할 일, 이를테면 손발을 씻고 냉장고에서 샐러드를 꺼내 먹으라든가, 숙제를 하고 학원에 가라는 당부의 말을 녹음기에 담아둔다. 그러면 조금은 안심이 되어 편안한 기분으로 일을 할 수 있다.

어떤 주부는 엄마의 귀가를 아이들이 텔레비전이나 보면서 의미없이 기다리는 것이 바람직하지 않다고 여겼다. 그래서 재미있는 동화와 사이사이에 당부의 말을 담아서 녹음을 해놓고 하교후에 듣도록 했다. 덕분에 그녀의 귀여운 딸은 갱이나 성인용 영화가 아니라 엄마가 들려주는 재미있는 이야기를 들으면서 엄마를 기다리게 되었다.

10대의 딸을 둔 어느 아버지는 녹음기를 다음과 같은 목적으로 사용하였다. 그는 딸이 오랫동안 전화기를 붙들고 잡담을 늘어놓는 것이 불만이었다. 여러 차례 주의를 주었

으나 그 순간에만 주춤할 뿐, 전혀 개선의 여지가 보이지
않았다. 그래서 화가 난 아버지는 어느날 저녁 딸의 전화
를 처음부터 끝까지 녹음을 해 두었다가 통화가 끝나자 딸
에게 그것을 들려주었다. 딸은 자신의 터무니없는 수다에
스스로가 질리게 되었다. 그래서 나쁜 버릇을 고치게 되
었다고 한다.

14
사진을 이용한 시간 절약

스냅이나 슬라이드, 또는 가정용 비디오 카메라로 행사
장면을 찍는 일은 흔히 있는데, 이러한 장비를 자신의 업
무에 이용하는 사람은 그다지 흔하지 않다. 다음의 예는
그러한 장비를 이용해서 시간과 정력의 낭비를 최소화한
경우를 나열해 본 것이다.

①어느 작은 유리상점에서는 최신식 입체 카메라로 자신
의 가게에서 공사를 했던 훌륭한 건물들을 촬영해 두었다.
그리고 고객을 방문하거나 상점을 찾는 손님들에게 그 슬
라이드를 보여줌으로써 그동안 자신들이 공사를 완료한 건
물들을 매번 답사해야 하는 번거로움을 없앴다. 그 슬라이
드의 이용은 자신은 물론 고객들이 시간과 정력을 허비하
지 않도록 배려한 셈이다.

어느 자동차 판매업자는 각 지방에 산재해 있는 고객들

을 비디오로 촬영해서 그 지방 사람들에 대한 판촉물로 이
용하고 있다. 새로운 고객들이 보게 될 비디오에는 자신의
이웃이나 친지들이 나오게 되는데, 자기가 아는 사람이 모
델이 되어 있다는 사실이 구매욕구를 부추기게 된다.

②어떤 건축업자는 업무의 진보상태를 사진으로 찍어서
그것을 보고서의 대용으로 사용하고 있다. 많은 시간을 절
약하게 해주는 그 사진은 또한 다음 공사의 귀중한 참고자
료가 되기도 하는데, 설계를 하거나 공사의 진행 순서를
결정하는데 효과적으로 이용하고 있다.

제9장
잡무 정리

옛날 인도의 왕처럼 수많은 추종자를 거느리고 있어서 모든 일을 시킬 수 있는 신분이 아닌 이상 어떤 사람도 자기 자신이 해야만 하는, 시간이나 정력을 소비하기 쉬운 여러 가지 일상의 잡무를 가지고 있음에 틀림없다. 이러한 일상의 잡무를 신속하고 능률적으로 처리할 수 있는 능력은 사람마다 각기 다르며 또한 각 사람에 따라 다른 문제이다. 하나에서부터 열까지 똑같이 할 수 있는 사람은 단 두 사람도 없기 때문이다. 따라서 다음에 말할 조언은 당신에게도 좋은 충고가 되리라 생각한다.

1

찾기 쉬운 곳에 보관하라

물건을 찾는 일은 시간을 낭비한다는 것과 통한다. 따라서 자신에게 주어진 시간을 최대한 활용하기 위해서는 일상에 필요한 물건들을 정리하여 보관하는 습관을 길러야 한다. 그러나 정작 모든 물건들을 일목요연하게 정리하여 보관하기란 말처럼 쉽지가 않다. 정리하는 습관이 부족하다고 생각되는 사람은 뭔가를 찾아 허둥대는 자신의 모습을 상상해 보라. 습관을 기르는 것이 매번 얼굴을 붉히며 자책하는 일보다 훨씬 쉽다는 생각이 들 것이다.

①계절이 바뀌어 여름 옷이나 겨울 옷을 정리해야 할 경우, 양방향 모두 사용이 가능한 상자를 이용하는 것이 좋다. 한쪽 방향에는 겨울 옷을, 또 한쪽 방향에는 여름 옷을 넣어 표시해두면 훨씬 편리하다.

②물건을 얹어놓는 선반에 번호를 붙이고, 보관되어 있는 물건의 리스트를 작성한다. 그렇게 하면 시간이 절약될 뿐만 아니라 울화통이 터질 일도 없어진다.

③열쇠를 두는 곳을 일정하게 지정한다. 또한 각각의 열쇠에 명찰을 달아놓는다. 열쇠는 특히 아이들의 손이 닿지 않는 곳에 보관하는 것이 중요하다.

④동시에 소용이 되는 물건은 같은 장소에 둔다. 이를테면 망치는 못과 함께, 바늘은 실과 같은 장소에 보관하라는 이야기이다.

2
여분을 준비하는 습관을 길러라

가정에서 빈번하게 사용되는 물건은 여분을 늘 준비해 두어라. 그러면 시간의 절약과 함께 여러 가지 불편함을 해소할 수 있다. 아무런 준비도 없는 상황에서 자정이 넘은 시간에 전기의 휴즈가 끊어져 버렸다고 생각해 보라. 무척이나 난감하지 않은가. 여분을 미리 준비해 두면 작가 마틴 팬저가 일찍이 말했던 것처럼 우리의 생활은 훨씬 상쾌하고 여유롭게 될 것이다.

①면도날 - 이러한 필수품은 충분히 사두는 것을 잊어서는 안 된다. 무뎌진 면도날을 사용하다가 얼굴에 상처를 내는 것처럼 바보스러운 일은 없다.

②우산 - 여분의 우산을 사무실에 놓아두면 비가 그치기를 멍청히 기다리거나 옷이 젖을까봐 걱정할 필요가 없다.

각 가정에서는 칫솔, 세수비누, 화장지 등 여분을 필요로 하는 물건들은 넉넉히 구입해서 보관하라.

3
각종 서류는 일목요연하게

작가인 도로시 존슨은 어떤 가정에서든 적합하고 주요한

정리상의 색인으로 다음의 12항목을 들고 있는데, A : 기
구류, B : 집, C : 자동차, D : 세금, E : 영수증, F :
의복류, G : 보험, H : 투자, I : 건강, J : 거래처, K
: 선물, L : 기타 등이 그것이다.

　그러나 여기에서 주의해야 할 점은, 이러한 것들을 분류
하고 정리하는데 드는 시간과 정력이 절약하고자 하는 그
것 이상으로 소비되어 버리는 복잡한 방법이나 절차는 택
하지 말아야 한다는 것이다. 최근에 이르러 각종 데이터를
정리하거나 분류, 또는 보존하는데 대단히 편리한 과학적
아이디어가 속출하고 있음은 그러한 관점에서 매우 바람직
한 일이라 할 수가 있다.

　IBM의 사장인 토마스 위트슨 씨는 자기 집에서 사무정
리를 하던 중 카드에 구멍을 뚫어 이용하면 편리하겠다는
생각을 하게 되었다. 그 생각이 계기가 되어 소위 IBM씨
스템이라고 하는 것이 탄생하게 되었다.

4
기록은 망각과 분실 예방책

　자신이 관계되어 있는 모든 것들을 일목요연하게 기록하
여 두면 시간을 절약할 수 있을 뿐만 아니라, 망각이나 분
실로 인한 경제적인 손실도 예방할 수 있다. 유나이티드
스테이트 은행은 예금주가 통장을 분실한 뒤 그 사실조차

망각하여 청구를 받지 않고 있는 예금이 한 해에 무려 수
백만 달러에 이른다고 한다.

또한 미국의 경영자협회는 그 회원사인 300개 회사에 관
련된 주식이나 사채, 그리고 배당금의 소유주가 분명하지
않은 것을 시가로 환산하면 수 천만 달러에 이른다고 하
며, 아메리카 사회 보장성에서는 증서를 분실함으로 인해
서 당연히 받을 수 있는 권리를 행사하지 못하고 있는 사
람들의 수효가 헤아릴 수 없을 만큼이라고 보고하고 있다.

한편 미국의 3대 보험회사인 메트로 폴리탄, 풀텐샬, 에
퀴타불에서는 보험금을 수령해 갈 권리자를 찾아내 지불을
해주기 위해 막대한 장비와 인원을 고용하고 있으며, 하나
의 사건이 발생하고 나서부터 보험금을 지불할 때까지 몇
년의 시간이 걸리는 경우가 허다하다고 하소연을 하고
있다. 뿐만 아니라 사망자의 유언을 집행하는 데도 마찬가
지의 현상이 속출하고 있다.

그러나 당신이 모든 서류들을 확실하게 정리해 두고, 필
요한 사항들을 하나하나 정리하는 습관을 가지게 된다면
위에서 예로 든 불이익은 당하지 않아도 될 것이다.

5
모든 일에서 시간을 절약하라

각종 서류나 편지를 읽고 쓰는 일, 그리고 타이핑하거나

철하는 등의 일은 우리들의 일상생활에서 상당한 시간을
할애하게 하는 업무이다. 그러나 이러한 일련의 편지나 각
종 서류들이 단순하게 사람의 목소리를 전달하는 구실을
하는 하나의 방법이라는 사실에 촛점을 맞추면 예기치 '않
았던 의외의 시간을 절약할 수도 있다.

　모든 서신은 신속하고 자연스러우며, 시간을 절약하도록
짜여져 있어야 한다. 업무상의 편지에 불필요한 내용을 지
리하게 나열하는 행위는 적어도 세 사람의 시간을 낭비시
키는 결과를 가져온다. 즉 편지를 발송하고자 하는 자신과
타이피스트, 그리고 수신인의 시간을 낭비하는 것이다. 이
와는 반대로 간결하고 정확한 내용의 서신이 배달되어 지
면 그 편지는 업무를 성공적으로 완수하는데 있어서 상당
한 조력자가 될 뿐만 아니라 개인적인 교제나 활동에도 많
은 도움을 도출해 낼 수가 있는 것이다.

　체신부 장관을 역임한 아서 셈휠드는 사람들이 우편을
이용하는데 있어 다음과 같은 내용을 명심하면 더욱 바람
직한 결과를 얻을 수 있으리라 말한다.

　①보내는 편지에 대한 회신을 빨리 받아보고 싶으면 답
장용 봉투에 자신의 주소와 이름을 써넣고 우표를 붙여서
동봉한다. 이 방법을 이용하면 신속하게 답장을 받을 수가
있다.

　②대답을 확실히 알고 싶은 부분에 대해서는 색이 있는
펜으로 밑줄을 긋는다.

　③중요한 질문에는 금방 대답할 수 있도록 공란이나 별
도의 페이지를 만들어 바로 쓸 수 있도록 한다.

b

수취인으로서 편지를 쓴다

만약에 당신이 편지를 쓰고자 할 때는 상대방의 입장과 주변상황을 충분히 고려하고 있어야 한다. 그러면 편지를 쓰는 시간은 반으로 줄어드는 반면 그 효과는 두 배가 될 것이다. 편지란 모름지기 자기 자신의 만족만을 추구한 채 일방적인 자세로 써서는 안 된다. 여러 가지 정황을 종합해서 그것이 상대방에게 어떻게 받아들여질 것인가를 염두에 두어야 한다.

7

답장은 즉시 쓰도록 하라

뉴욕에서 생활하고 있는 어느 주부는 출퇴근 시간을 이용해 답장을 쓰고 있다.

"저는 친척이나 친구들과의 서신왕래를 대단히 중요하게 생각하고 있습니다. 그래서 저희집 편지함은 이웃의 편지함에 비해 늘 복잡한 편이지요. 저는 편지를 읽은 후에 습관적으로 그 봉투에 줄거리를 메모해 둡니다. 그리고 대부분의 답장은 출퇴근 시간을 이용해 지하철에서 쓰고 있답니다. 그래서 제가 가지고 다니는 핸드백 속에는 늘 편지지와 봉투가 준비되어 있지요."

또 다른 주부는 누구에게서든 편지가 오면 그것을 읽은 즉시 답장을 쓴다고 한다. 왜냐하면 그녀는 상대방의 메세지가 가장 생생할 때 자신의 느낌이나 의견을 적는 것이 바람직하다고 생각하기 때문이다.

8
여행은 지도와 함께

자동차 안에 도로망이 표기된 지도를 준비해 두는 것만으로도 낯설은 지방에서 발생할지도 모를 사고를 미연에 예방할 수 있다. 최근에 이르러 여러 출판사와 석유 회사, 그리고 자동차 타이어를 만드는 기업체에서 자세하게 적혀 있는 지도책을 제작하여 제공하고 있다. 그러므로 어디에서나 어렵지 않게 전국의 모든 도로가 상세히 안내된 책자를 구할 수가 있다.

한편 대중교통 수단을 이용해서 여행을 하고자 할 때는 미리 열차나 버스 시간표를 조사해 둔다. 그리고 출발하기 전에 여행 일정표를 미리 만들어 놓으면 괜히 허둥대는 일 없이 시간을 절약할 수 있다.

또한 지하철을 이용해서 출퇴근을 하는 입장이라면 자신이 내렸을 때 출구와 가까운 칸에 탑승하는 것도 복잡함을 피하는 방법이다. 그리고 이것 또한 시간을 아끼는 방법이므로 반드시 시도해 보기 바란다.

9
집을 꾸미는 시간 절약법

여행용 가방을 정리하는 방법을 익히고 있으면 시간을 상당히 절약할 수 있을 뿐만 아니라 물건을 빠뜨리고 여행을 떠나는 실수를 범하지 않게 된다.

①여행 기간에 맞춰 필요한 물건의 목록을 적어두면 편리하다. 의류와 식료품, 그리고 세면도구 등을 차분하게 챙겨놓고 다시 검토한다. 그러면 필요한 물건을 빠뜨리는 오류를 범하지 않을 것이다.

②로션이나 크림 등과 같이 샐 염려가 있는 물품을 위해 비상용으로 플라스틱 용기를 준비해 두는 것도 바람직하다. 그리고 이와 같은 생필품들은 꺼내기 쉬운 곳에 보관하여 당황하는 일이 없어야 한다.

③장롱에서 양복을 꺼낼 때는 거기에 필요한 부속품, 즉 벨트나 지갑, 그리고 넥타이 등을 함께 꾸려라.

④여행에 몇 일을 할애할 것인지를 확실히 정하라. 그리고 그 기간에 필요한 물건만을 챙겨라.

⑤구두를 비롯한 무거운 물건은 낮은 쪽에 넣고 구석의 여유공간에는 세면도구를 넣는다. 그리고 가방의 중간 부분에는 잠옷이나 나이트 가운 등 구김이 가도 괜찮은 옷을

넣는다. 양복과 같이 구겨지면 안 되는 옷은 가장 위에 조심스럽게 넣어둔다.

1o
이사하는 시간 절약법

세계에서 가장 큰 운송회사의 사장으로 재직하면서 지금까지 헤아릴 수 없을 만큼 많은 가정의 가재도구를 운반해 온 루이스 슐램 씨는 효과적이고 바람직한 이사의 요령을 다음과 같이 설명한다.

①이사를 하기 전에 그동안 구상해 두었던 새로운 집의 가구배치를 운송원에게 알려주면 모든 살림살이가 도착했을 때 가구를 여러 번 움직이지 않아도 되므로 시간이 절약된다.

②짐을 정리하는 것은 가능한 한 운송인에게 부탁해라. 그들은 대체로 많은 경험을 가지고 있으므로 깨지기 쉬운 물건이나 고가의 물건들을 다루는 데 있어 전문가에 속한다. 시간의 절약은 물론 안심할 수 있기 때문에 당신이 서툴게 하는 것보다 나을 수 있다.

③만약 짐을 자신이 직접 정리하기로 마음먹었다면 반드시 각각의 상자에 어떠한 내용물이 들어있는지를 메모해 두어야 한다. 새로운 집에 도착해서 물건들을 배치하는데 많은 시간을 들이는 것은 정력의 낭비를 초래한다.

11
약속 시간에 대해서

약속을 정할 때는 항상 확실한 시간을 명시하는 습관을 길러야 한다. 막연하게 몇 시경이라고 하거나 몇 시부터 몇 시까지라는 식의 약속은 두 사람 모두에게 낭비가 된다. 세일즈맨들의 모임인 미국 판매협의회의 회장직을 맡고 있는 로버트 홀트니 씨는 다음과 같이 말한다.

"매사에 약간만 신경을 쓰면 기다리는 시간을 많이 절약할 수가 있습니다. 이를테면 모든 일을 함에 있어 가능한 한 예약을 생활화하는 것이지요. 우리 세일즈맨들에게는 시간을 어떻게 운용하느냐에 따라서 성공이 좌우됩니다."

한편 피치 못할 사정이 발생해서 누군가를 기다려야 한다면, 그 시간을 자신에게 주어진 무위(無爲)의 시간으로 여기지 말아야 한다. 아무리 짧은 자투리 시간도 마음먹기에 따라 얼마든지 활용할 수 있다. 가장 비슷한 예로 독서를 한다거나 오늘 마저 해야 될 일을 점검해봐도 좋다. 무작정 사람을 기다리는 일처럼 답답하고 지리한 시간은 없다. 그러나 어떤 목적을 갖고 그 시간을 활용하면 즐거움은 배가되어진다.

또 누군가를 기다리는 시간은 자신의 기분을 정리할 수 있는 가장 적절한 기회이다. 그 순간까지의 감정이 어떤 상태였든지 개의치 말고 새로운 아침을 맞이한다는 기분으로 상쾌감을 느껴보라.

제10장
주부의 24시간

주부가 가정에서 하는 가사노동은 이른 아침부터 시작해서 잠자리에 들기 직전까지 끊임없이 계속된다. 그러나 그 일을 직접 담당하고 있는 주부가 자신의 업무를 단순화하거나 개선할 용의를 가지고 하루를 맞이한다면 적게는 2-3시간에서 크게는 전체 시간의 1/3까지 절약할 수 있는 여러 가지 방법이 있다.

시간절약에 대해 많은 의견을 내놓은 릴리언 킬프레스 박사는 심장병으로 고생하고 있는 사람들을 위해 보다 적은 힘과 시간을 들여 많은 양의 일을 할 수 있는 방법을 가르쳤다. 그런데 이 아이디어를 평범한 주부가 응용하면 의외의 시간을 자신을 위해 사용할 수 있다.

1

부엌에서의 낭비 시간

가정에서의 부엌은 인체의 심장에 비유되곤 한다. 부엌이
란 모든 가족들의 행복과 안락함을 위해 많은 일들이 이루
어지는 장소이기 때문이다.

어느 가정문제 전문가는 전체 가사노동의 1/3이 가족들의
식사준비와 그 뒷정리에 소요된다고 말한다. 또한 전문가들
은 새롭고 능률적인 방법을 도입하고 편리한 부엌용품을 사
용한다면 많게는 가사노동에 소요되는 시간의 1/3까지 절약
할 수 있다고 한다.

부엌에서의 시간을 절약하기 위해서는 우선 일의 순서에
따라 용기들을 정돈하는 것이 필수적이다. 그렇게 하면 몸
을 움직여야만 하는 필요성이 줄어들 뿐만 아니라 뭔가를
찾아 헤매는 일도 없어진다. 또한 전문가들의 말을 빌자면
일자형 부엌은 불편하며 부엌을 커튼으로 막아놓는 형태도
별로 바람직하지 않다고 한다.

2

부엌설비는 계획적으로 배치

부엌의 넓이에 상관없이 그 설비는 가장 효과적이고 능률

적으로 되어 있어야 한다. 특히 개수대와 가스레인지 사이는 가장 왕래가 잦은 장소이므로 너무 넓거나 좁지 않은 적당한 거리를 유지시켜야 한다. 너무 가깝게 맞닿아 있거나 멀리 떨어져 있으면 매우 불편하다.

①높이의 조절 : 우리는 어떤 일을 할 때 그 성질에 따라 앉거나 서서 하게 된다. 그런데 이때 높이가 맞지 않으면 매우 힘이 든다. 무슨 일을 하든지 가장 적당한 높이에서 일을 하도록 하라. 작업대의 높이를 조절하여 설치해야 한다. 너무 높으면 팔을 들어올려야 하고, 너무 낮으면 허리를 구부려야 하므로 비능률적이다.

②가능하면 앉아서 일하라 : 접시닦기, 야채 조리, 다리미질 등은 앉아서도 충분히 할 수 있는 일들이다. 앉아서도 할 수 있는 일을 서서 하게 되면 약 14%의 정력을 더 소모하고 있는 셈이다.

③효과적인 물건 배치 : '이 물건은 어디에서 가장 빈번하게 사용되는가'를 잘 판단해서 그 근방에 정리해 두어라. 또한 부엌에는 정말로 없어서는 안 될 물건들 이외에는 두지 않는 것이 좋다.

3
저장과 준비로 시간 절약을

식료품의 저장과 준비에 소요되는 시간을 절약하기 위해

서는 주변의 설비를 깔끔하게 정리해 두는 일이 필요하다.

①구입한 식료품은 조리를 할 때 찾아 헤매는 수고를 덜기 위해서 능률적으로 정리를 해두어야 한다. 20cm 넓이의 선반에 물건들을 한 줄로 정리해 두면 물건을 하나하나 들추어 찾을 필요가 없어진다.

②선반에 얹는 물건에 따라 선반의 넓이를 다양하게 만들어 놓는다. 또한 선반의 상하 간격도 다양하면 좋다. 특히 선반 밑에는 컵걸이를 붙여 두면 편리하다.

③벽의 칼걸이에 일반용 칼과 주방용 칼을 같이 걸어두곤 하는데 가능하면 분리해서 보관하는 것이 편리하다. 또한 각종 냄비류와 유아용 플라스틱 용기는 가스레인지에서 거리가 있는 장소에 보관해야 한다.

4
식료품은 냉동해서 보관하라

일반 가정에서 쓰는 냉장고를 효율적으로 사용하면 현금의 출납을 줄일 수 있을 뿐만 아니라, 시간과 노력도 줄어든다. 슈퍼마켓으로 장을 보러 가는 일도 줄고, 많은 식료품을 저장해 둘 수도 있어 무척 바쁜 날에는 특별한 식사준비 없이 한 끼 정도는 해결할 수 있다.

주부들 가운데는 양을 배로 늘리거나 같은 요리를 많이

만들어 두고, 이것을 완전히 냉동해서 몇 주일 분을 한꺼번에 준비해 두는 사람도 있다. 또 과일이나 야채가 가장 쌀 때 2, 3개월 분을 사둘 수도 있다.

5
정리와 배열

일상적으로 하는 정리나 배열에 드는 시간과 노력을 줄일 수 있는 방법은 다음과 같다.

①가스대와 아주 가까운 곳에 가장 자주 쓰는 물건을 넣어두는 찬장을 만든다. 가스대 옆 찬장에는 사용하는 빈도수가 높은 도구, 이를테면 접시·프라이팬·냄비류 등을 넣어 둔다.

②로스터·뚝배기, 또는 끓이고 굽는 도구는 유리로 된 받침대 바로 옆에 둔다.

③포트 뚜껑을 만들어 두면, 어떤 것으로 덮을까 망설이며 찾을 필요가 없다.

④과자나 그대로 먹는 곡류를 오목한 그릇에 넣어 가스대 옆에 두면 습기 없이 언제나 바삭바삭하게 보관할 수 있다. 또는 유리 그릇에 담아 금방 눈에 띄는 가스대 위 선반에 두는 것이 좋다.

⑤끓이거나 구울 때 몸을 구부리지 않고 할 수 있도록 자

신의 신체에 맞는 오븐을 사용한다.

⑥드립식 커피포트는 뜨거운 물을 사용하므로 개수대 옆이 아니라 가스대 옆에 둔다.

b
배열시간 절약

대부분의 주부들은 여가시간을 내지 못할 정도로 매우 바쁜 삶을 살고 있다. 그런 만큼 저녁식사를 준비하며 절약한 시간이 그 후에 두 배의 가치가 있다는 것을 아주 잘 알고 있다.

메리 마틴이란 예명으로 유명한 리처드 하리디 부인은 다음과 같은 점에 유의하면 많은 도움이 된다고 말한다.

식탁 배열과 식후의 정리 정돈에는 키친 왜건을 사용한다. 가장 빈번하게 사용되는 사기그릇류는 식당이나 부엌의 낮은 찬장에 넣어둔다. 플라스틱 깔개를 사용하면 테이블 크로스를 자주 세탁할 필요가 없다.

식탁 준비를 할 때 가능한 한 식탁 가까이에 선다. 그렇게 하면 앞쪽에 손으로 잡기 쉽게 각각의 식탁 커버가 있어서 다시 뒤쪽으로 갈 필요 없이 같은 간격으로 나열할 수 있다. 식탁 주위를 걸어서 돌지 않고 접시를 각각 놓고 그리고 나이프나 스푼류를 놓는다. 한 번만 식탁 주변을 돌도록 키친 왜건으로 옮겨온 글라스나 냅킨을 양손으로 놓는

다. 그 다음에 샐러드용 접시, 그리고 마지막에 컵과 받침접
시를 놓는다.

또 한 가지 시간절약에 있어 빠뜨릴 수 없는 것이 있다.
키친 왜건에 뜨거운 냄비류를 그대로 얹어도 괜찮도록 깔개
를 깔아 두는 준비성이다. 이렇게 하면 모든 요리를 불에서
내려 바로 옮길 수 있다. 요리를 담을 그릇은 왜건 밑에 준
비해 둔다.

샐러드나 주스도 역시 키친 왜건으로 옮긴다. 주된 요리
는 가스대 위에서 만든 즉시 따뜻할 때 담는다. 접시를 필
요 이상 많이 쓰지 않는 것은 설거지를 줄이는 첩경이다.
여러 가지 종이제품 식기류를 잘 활용하는 것도 슬기로운
지혜라 하겠다.

1
설거지와 재료 준비

물을 넣어 사용하는 냄비류는 씻고 나서 곧 손이 닿을 수
있는 곳에 둔다.

①개수대 밑에는 바로 손이 닿을 수 있도록 접시닦이 타
올을 걸어 둔다.

②개수대 옆에 쓰레기를 버리는 곳이 있으면 매우 편리하
지만, 그것이 없는 경우에는 개수대 밑에 곧 그대로 처리할

수 있는 종이 상자를 준비해 두면 편리하다. 만약 어떤 통을 사용하려고 한다면 종이재질의 상자를 사용하여 곧 교체할 수 있게 한다.

④야채나 과일 준비는 개수대에서 하는 것이 좋다. 오래된 신문지나 종이 상자를 준비해서 사용하고, 껍질은 다듬고 난 후 버릴 부분과 함께 버린다.

⑤차갑게 해둘 필요가 없는 야채는 개수대 가까이에 두면 좋다.

⑥개수대에는 언제나 비누·세제·수세미·플라스틱 스펀지 등을 준비해 둔다.

⑦또 야채용 브러시·채반·껍질 까는 칼 등을 가까이에 준비해 둔다.

8
식기를 잘 닦는 법

윌리엄 L. 베스가 말한 다음의 방법을 사용하면 현재 당신이 하고 있는 방법보다도 부엌에서의 시간을 10분 정도는 더 단축할 수 있을 것이다.

①순서 : 키친 왜건이나 쟁반을 사용해서 식탁의 것을 전부 한꺼번에 옮긴다. 또 식사를 하고 있는 동안에 포트류를 세척제에 담가 놓아서 음식물 찌꺼기가 쉽게 떨어지도록 한

다. 오른쪽에서 접시를 씻어 왼쪽의 깊은 용기에 담으면 편리하다.

②글라스나 식기류 : 가능한 한 양손으로 취급하도록 하고 이것을 하나의 습관으로 한다. 글라스는 왼손, 식기류는 오른손으로 놓는다. 씻을 때는 오른손으로 행주를 쥐고 왼손으로 글라스를 돌린다.

글라스는 2, 3분 동안 끓이면 완전히 소독할 수 있으며, 건조대에 놓아 두면 그대로 말라 버린다. 물로 씻기만 하면 얼룩이 남는다.

식기류는 5개 정도를 한 번에 씻는 것이 가장 좋다. 접시를 물에 담가 놓을 동안 씻는다.

③접시류 : 손목만 움직여 접시의 양면을 씻고 가능한 한 손가락 위치를 바꾸지 않도록 한다. 행주로 천천히 닦는다. 포트류를 닦는다거나 개수대를 청소하고 있는 동안에 건조대 위에 놓고 말린다.

비누 밑에 스펀지를 붙이는 도구를 사용하면 접시에 상처를 입히지 않고 닦을 수 있으며, 음식물 찌꺼기를 깨끗이 닦을 수 있다.

9
종이제품 식기를 사용하라

종이제품의 식기를 이용하면 식기를 닦는 시간을 많이 줄

일 수 있다. 1인 전용 종이제품 컵·접시·용기 등을 사용
하면 설거지 시간을 줄일 수 있다.

이러한 종이제품 용기는 사용한 후 바로 종이 상자에 버
리거나 태워 버린다.

플라스틱을 씌운 것은 소스 등을 담아도 괜찮다. 또 뜨거
운 것을 담는다거나 차가운 것을 담는 용기도 나와 있어서
보면 금방 알 수 있다.

그뿐만 아니라, 종이제품 용기는 음식물 저장에도 이용할
수 있다. 많은 음식물은 각각 1인용 컵에 나누어 담아 보관
할 수 있다.

이런 식으로 나눈 음식물, 예를 들어 아이스크림이나 젤
리, 또는 쇼트 케이크 같은 것은 그대로 차갑게 한다거나
냉동해 두고 필요할 때 꺼내기만 하면 된다.

종이제품은 또 병실에서도 사용하기 좋다. 특히 전염성이
있는 환자의 경우 접시라든가 글라스, 또는 컵을 소독할 필
요가 없다. 더욱이 여러 가지 색깔과 다양한 모양은 병상에
있는 사람의 기분전환에도 좋다.

어머니들도 때로는 잠을 잘 때가 있는데 그런 때 아이들
이 스스로 식사를 하는 데는 종이제품 식기가 중요하다. 또
한 옥외의 식사라든가 간식, 바닷가나 산으로 피서를 갈 때
에도 매우 편리하다.

종이제품을 사용해서 일주일에 7, 8시간의 설거지 시간을
절약하면 모두 합쳐서 하루 24시간의 휴식을 얻을 수 있는
것과 마찬가지이다. 특히 많은 손님을 초대했을 때는 더욱
편리하다.

1o
청소시간 줄이기

가사노동 중에서 청소만큼 시간을 절약해서 할 수 있는 것은 없다. 일반 가정에서는 집안 청소, 유리나 거울닦기, 마루나 가구닦기에 일주일에 약 17시간을 소비하고 있다. 그런데 대부분의 사람들이 최근에서야 비능률적인 방법으로 청소하는 것에 대해 다시 생각하게 되었다.

컬럼비아 대학에서 능률 증진 강좌를 맡고 있는 기드온 M. 바르커 강사는 다음과 같이 지적하고 있다.

"가정에 있어서도 기업에 있어서도 능률을 증진하는 데 중요한 것은, 사용하는 도구를 손이 쉽게 닿는 곳에 두는 것에 의하여 하나의 동작으로 두 배의 일을 할 수 있게 하는 것이다. 르토가 대학의 사회봉사반이 뉴저지에 살고 있는 주부 300명을 상대로 가사의 실태를 조사한 후 능률증진법을 가르쳤더니, 시간상으로 41%, 걷는 거리로 56% 절약할 수 있었다고 한다."

텔레비전 스타 마치 게이블 부인은 말한다.

"당신이 집을 청소하는 간편한 방법을 연구한다고 해서 결코 태만하게 되는 것이 아니다."

이러한 지식을 몸에 익히게 되면 가정을 항상 청결하게 할 수 있고 또한 여러 사람의 도움을 받는 것과 같은 능률을 발휘할 수 있는 무엇보다도 좋은 시간절약 방법이다.

그녀가 주장하는 방법은 다음과 같다.

①근본적인 자세 : 여러 가지 기구 사용법을 다시 한 번 읽어 보고 스스로 해보거나 무료 실습에 대해 전화로 의뢰한다. 가전제품을 만드는 일류 메이커측에서는 오히려 요즘은 무료 실습 서비스를 뜻밖으로 많이 이용하고 있지 않다는 보고를 하고 있다.

그러나 이것은 매우 유익하며 특히 당신이 행하는 취급방법을 담당자에게 보여 정확한 취급방법을 배우면 가장 효과가 있다.

②도구 : 이 점에서는 호텔이 가장 효과적인 방법을 쓰고 있으므로 그곳에서 보고 배우는 것이 가장 빠르다. 청소 도구는 언제나 한 장소에 모아둔다. 그것들을 옮기는 데는 왜건을 사용한다. 이 왜건은 그 밖의 다른 일——예를 들어 아기를 태우고 돌아다니는 일——을 할 때도 시간을 절약할 수 있는 편리한 도구이다. 각각의 위치에 필요한 청소용 도구는 따로따로 준비해 둔다.

③걸레질 : 걸레질을 할 경우 직접 만든 것도 좋고 산 것도 좋으나 글러브 같은 장갑 모양을 선택하여 양손에 끼운다. 장갑에 광택제나 왁스를 묻혀서 쓰는 사람도 있다. 거실·가구·책장 등은 왁스로 윤을 낸다. 그렇게 하면 광택을 없애지 않을 수 있으며 기름이 스며들지 않는다.

그리고 블라인드를 잘 조사한다. 각각의 판 양쪽 끝에 광택이 없는가도 조사한다. 판을 청소하기 위해서는 양손에 세제를 묻힌 양말을 끼우고 양쪽을 동시에 닦는다. 그리고 끈 사이도 잊지 말고 청소한다. 판을 네 개 정도를 닦고 난 다음 양말을 헹구어 다시 닦는다. 이렇게 하면 보통 방법보다 반 정도 빠른 시간에 끝낼 수 있으며, 게다가 물방울도 맺히지 않는다.

더불어 꼭 필요한 물건이 하나 더 있다. 목수나 나무를 심는 사람이 사용하는 것처럼 큰 호주머니가 여러 개 달린 앞치마이다.

앞치마를 만들어 입고 청소할 때 방해가 되는 물건——연필이라든가 편지라든가 양말, 장난감 등속——을 각각 따로 호주머니 속에 분류해 둔다. 주머니에 '세탁'이라든가 '책상', '육아'와 같은 표시를 해두면 좋다. 그리고 각각의 장소에 가서 호주머니에서 꺼내 그곳에 놓을 것이 없는가 조사한다.

이렇게 하면 오고가는 수고를 얼마만큼은 절약할 수 있으며, 버릴 물건을 여기저기 쌓아 두는 것보다 얼마나 효과적인지 해보지 않으면 모를 것이다.

11
목제품과 마루 손질법

얼룩이 졌으면 곧바로 스펀지나 행주로 닦는다. 이렇게 하면 일주일 동안 계속 싹싹 비벼서 어렵게 지워야 할 필요가 없다. 얼룩이 진 즉시 지우면 일부러 시간을 내서 하지 않아도 된다.

기름 얼룩은 암모니아수를 조금 적셔 비눗물로 닦는다.

화학제품을 먼저 이용한다. 문지르지 않아도 윤이 나는 것, 예를 들어 액체 왁스는 자연 건조되어 광택이 난다.

또, 나무로 된 실내 장식품에는 마른 걸레질을 할 필요가 없는 세제를 시험해 보기 바란다.

12
유리창 청소법

로스앤젤레스의 캘리포니아 대학에서 식당과 로비의 유리창을 닦는 시험을 해보았다. 창의 크기는 각각 높이가 2.5m이고 폭이 2m이며 하나만 폭이 2.2m였다. 그 결과는 다음과 같다.

한 쪽에 뜨거운 비누액을 넣고 한 쪽은 마른 걸레질용 물을 넣은 용기를 사용해서 닦아서 말리고 윤을 냈더니 3.52분이 걸렸다. 그리고 물로 닦고 오래 된 신문을 사용해서 말렸더니 2.43분이 걸렸다. 유리용 행주와 걸레를 사용했더니 3.45분이 걸렸다. 또 스프레이식 기구로 닦고 걸레로 윤을 냈더니 3.15분이 걸렸다. 마지막에 암모니아수를 조금 넣은 물을 사용해서 스펀지 탈수기를 사용한 걸레로 윤을 냈더니 2.35분이 걸렸다.

따라서 이 마지막 방법이 가장 효과적이며 시간과 노력도 가장 적게 든다는 것을 알 수 있다.

또 한 가지 비결은 닦을 때 면제품 장갑을 사용하는 것이

다. 그렇게 하면 장갑의 손가락 끝으로 구석구석까지 닦을
수 있어서 편리하다. 이 경우 먼저 세제를 적셔 두면 더 쉽
게 닦아진다.

13
전기청소기를 사용하라

전기 청소기 발명가이며 제조업자인 알렉스 M. 류와이트
에 의하면 이 기기의 이점을 충분히 살려서 사용하고 있는
사람은 아주 적다고 한다. 사람들은 좋은 기기가 있으면 단
지 사 보는 것일 뿐, 그 정확한 사용법을 너무 모른다.

①구식인 빗자루라든가 총채를 잊어버린다. 그리고 전기
청소기에 브러시를 연결하라. 나무 제품·벽·가구·액자
그리고 전구나 거울조차도 이것으로 소제할 수 있다. 또, 전
기 청소기를 사용하면 앞으로 몸을 굽힐 필요도 없으며, 먼
지가 다시 위로 날아다닐 걱정도 없고, 움푹 팬 곳에 있는
먼지도 제거할 수 있다.
②집 안에서 재털이를 이리저리 들고 다닐 필요가 없다.
전기 청소기로 놓여 있는 곳에서 즉시 깨끗하게 할 수 있
다. 파이프를 가벼운 것으로 하면 재는 곧 빨아들여진다. 그
러면 더 이상 손댈 일이 없다.
③손이 닿지 않는 높은 곳에 먼지가 쌓이게 해서는 안 된

다. 전기 청소기에 긴 호수를 끼워서 높은 창이라든가 액자
틀을 정기적으로 청소한다. 오랜만에 사닥다리를 놓고 이런
곳을 청소할 필요는 있지만, 자주 청소할 때는 전기 청소기
로 하면 편리하다. 창가나 테두리에 쌓인 먼지나 그을음 따
위를 제거할 수 있다.

④청소를 하기 위해 무거운 서랍을 들어올릴 필요가 없
다. 먼저 서랍을 빼서 전기 청소기에 凹 부분용 기기를 연
결해서 한 번만 청소하면 먼지는 없어진다. 이것을 보통 방
식으로 하려면 몸을 깊이 숙이고 무거운 서랍을 들어올리는
등 매우 힘든 일이다. 이 기기를 연결하면 오븐에서 빵가루
나 먼지를 제거할 때도 사용할 수 있고 스토브나 냉장고 뒤
의 먼지도 제거할 수 있다.

⑤블라인드를 청소하는 데 번거로운 브러시를 사용할 필
요도 없다. 전기 청소기 앞에 브러시와 긴 호수를 연결하여
판의 한 쪽 면이 밖으로 향하도록 해서 청소한 뒤, 끝나면
반대로 안쪽으로 해서 다시 한 쪽 면을 청소한다.

⑥전기 청소기에 카페트용 브러시를 연결하면 빠진 개털
을 모으는 데도 이용할 수 있다. 보통 브러시를 대는 것 처
럼 조용히 갖다 대면 개는 오히려 재미있어 한다.

⑦또 먼지를 빨아들이는 부품을 연결하면 타자기를 청소
하는 데도 매우 편리하다. 지우개 가루나 손이 닿지 않는
키 밑, 이동 다이 밑의 먼지를 깨끗하게 제거할 수 있다.

⑧가늘고 긴 凹 모양의 청소용 기기는 난로라든가 라디
이터 같은 손이 닿지 않는 구석이 많은 물건을 청소하는 데
도 아주 유용하다.

14
은제식기 다루기

은제품 식기를 사용하는 경우는 언제나 반짝반짝 닦아둘 필요가 있다. 자주 닦는 경우에는 화학처리를 한 천을 사용한다. 은제품을 빛나게 하기 위해서 그리고 즉시 사용하기 편하게 하려면 양손에 플란넬 천을 사용하여 닦는다. 손가락이 닿지 않는 곳은 오래 된 칫솔로 닦는다.

은제 식기에 달라붙은 계란 등을 떼어내기 위해서는 미리 유리컵에 물비누 또는 세제를 만들어 준비해 둔다. 그리고 다 사용했으면 계란이 붙은 식기를 곧 그 물 속에 담가둔다. 이렇게 하면 포크에 계란이 달라붙은 것을 떼기 위해 애쓸 필요도 없고, 녹이 쓸 염려도 없으며, 사용하기 전에 다시 닦을 필요도 없다. 그러나 은제 나이프나 스푼류는 사용한 즉시 다른 접시와 함께 바로 닦아야 한다.

15
세탁시간 절약법

"세탁이라는 것을 실제로 세탁하고 있는 상황만으로 생각해서는 안 된다."

유명한 텔레비전 스타 베티 파네스의 경고이다.

10대 딸을 둔 베티는, 세탁은 옷을 구입할 때 얼마나 잘 사는가 하는 것에서부터 시작된다고 말한다. 평상복용으로서는 주름 장식이 붙은 것이나 굴곡이 많은 소매가 있는 것을 구입해서는 안 된다.

안감 또한 세탁하기 편리한 것으로 한다. 단추나 칼라, 소매, 벨트 또는 어깨봉도 세탁할 수 있는 것으로 하거나 간단하게 붙였다 떼었다 할 수 있는 것으로 한다.

아이들에게는 될 수 있는 대로 더러움이나 얼룩이 잘 눈에 띄지 않는 천으로 된 옷을 입힌다. 커튼이나 침대 시트처럼 세탁하기도 간편하고 깨끗하게 빨아지기 때문이다.

"세탁물이 많든 적든 매일매일 세탁하라."

베티는 이렇게 말한다. 그렇게 하면 주부도 일을 즐겁게 할 수 있고 의류에 대한 비용도 적게 들일 수 있다.

이 밖에도 다음과 같은 시간절약 방법이 있다.

아이들이 뭔가를 엎질렀다거나 얼룩지게 만들었으면, 곧 세제에 담근다. 이렇게 하면 우유나 그 밖의 액체는 천에 스며들지 않고 표면에 떠서 떨어지게 된다. 매일 깨끗하게 해두어야만 하는 것은 이 방법이 가장 좋다. 그리고 잠자기 전에 먼지를 털어두는 것도 물론 좋은 방법이다.

속옷이나 양말을 세탁할 때 세탁하는 것을 잊기 쉬운 장갑을 끼워 두면 자연히 함께 세탁하게 되어 시간을 절약할 수 있다.

목욕탕의 깔개 및 그 밖의 세탁을 해야만 하는 깔개도 세탁기에 들어갈 수 있는 크기의 것을 사용한다.

세탁할 수 있는 양복의 어깨봉은 붙였다 떼었다 할 수 있게 만들어 세탁 후 다시 꿰매 필요가 없도록 해둔다.

16
집안일과 더불어 하는 화장법

당신이 하루종일 집에서 집안일만을 하는 경우이든 집안일과 바깥일을 함께하는 경우이든 일상적인 집안일을 하는 동안에 화장을 할 수 있다면 얼마나 많은 시간이 절약되는지 잘 알지 못할 것이다.

여배우이며 작가로서도 유명한 스키치 헨더슨 부인은 집에 있을 때 다음과 같은 방법을 쓰고 있다.

①머리 : 머리를 말리는 일은 집안일, 이를테면 걸레질을 하는 시간에 한다. 급하게 세트할 필요가 생기면 시판되고 있는 정발제를 이용해서 머리를 정리한다. 이렇게 하면 머리가 빨리 마르고 좋은 향기도 남는다.

②얼굴 : 가능한 한 크림을 듬뿍 발라 집안일을 하고 있는 동안에 크림이 피부에 스며들도록 한다. 그렇게 하면 청소할 때 얼굴이 먼지 따위로 더러워지는 일을 막을 수 있을 뿐만 아니라 피부 손질도 함께 이루어진다.

③손 : 필요없게 된 부드러운 장갑과 핸드 크림을 청소도구가 들어 있는 서랍에 같이 준비해 둔다. 그렇게 하면 일부러 손을 부드럽게 하기 위해서 번거롭게 왔다갔다 할 필요가 없다.

④손톱 : 더러운 청소를 시작하기 전에 손톱 사이에 비누를 끼게 해서 아무것도 들어가지 않도록 한다. 또한 색깔이 없는 매니큐어를 발라두면 손톱에 상처를 입히지 않고 청소를 할 수가 있다. 뿐만 아니라, 외출하기 위해서 다시 바를 필요도 없다.

⑤발톱 : 욕탕에 들어가기 전에 손톱 줄칼로 갈아둔다. 물에 젖어 불어서 부드러워지면 그 표면을 간다. 얇은 종이를 둥글게 해서 발가락 사이에 끼우고 매니큐어가 발가락에 묻지 않도록 한다.

17
아이의 목욕시간을 이용하라

아이들이 목욕하고 있는 동안에 화장하는 방법을 배워라. 목욕하고 있는 아이들을 돌보면서 로션이나 크림을 바르고 머리를 세트한다거나 손질할 수 있다.

18
구매시간 절약법

원하는 것이나 필요한 것을 사는 것이 하나의 즐거움이

되기도 하지만 너무 자주 식료품이나 의류를 사러 다니게
되면 오히려 싫증이 나고 귀찮아지게 된다.

다음에 열거한 것은 물건을 살 때 시간을 절약할 수 있는
방법이다.

①우편이나 전화로 구매하는 방법을 이용한다. 우리는 일
용품을 일부러 상점에 가서 사는 습관을 무의식적으로 반복
하는데, 이런 물건은 주문하기만 하면 곧 집까지 배달해 준
다. 주부들 중에는 한 달에 한 번이나 일주일에 한 번 날을
정해서 구매하는 사람들이 있다.

필요한 물품을 빠뜨리지 않도록 주의하는 데 가장 좋은
방법은 부엌에 메모판을 걸어두는 것이다. 한 칸에 식료품
점, 다른 칸에 정육점, 그리고 또 다른 칸에는 채소가게 식
으로 각각 따로 물품 내역을 적어두면 필요한 것을 한눈에
알아볼 수 있다.

②백화점의 물건을 사는 것은 간단하다. 양말·셔츠·목
욕탕 깔개·비누·화장품·속옷류는 필요할 때나 특별판매
광고가 나왔을 때 주문할 수 있다. 그때의 요령은 엽서를
옆에 두고 신문을 보면서 필요한 것이 있으면 엽서에 기록
한다. 또 주문전표를 엽서에 붙여서 보내는 것도 시간이나
노력을 절약할 수 있게 한다.

③늘 가족들의 신체 치수를 기록해 둔다. 이렇게 해두면
산 물건을 바꾸기 위해서 왔다갔다 하는 번거로움을 없앨
수 있다.

④구입하기 위해서 상점을 찾아가기 전에 미리 전화를 걸

어 문의한다. 두세 번의 전화로 이곳 저곳 상점을 방황하는 시간을 줄일 수 있다. 이렇게 하면 작은 상점에서는 당신이 찾는 물건을 점원이 미리 골라두었다가 주기도 한다.

또 사려는 물품이 명확한데 원하는 날짜에 배달받지 못할 때는 미리 부탁을 해두면, 그곳의 판매원은 매상전표를 만들어 물건을 보관하고 있으므로 가족의 누구라도 가져올 수 있다.

⑤물건을 사려는 곳의 주변 약도를 그려서 들러야 하는 상점을 표시해둔다. 물건을 사는 상점을 모두 적어 어떤 순서로 가는 것이 가장 짧은 거리인가를 정하면, 어디에 차를 주차해야 할지 당황한다거나 불필요하게 택시를 타지 않아도 된다.

⑥여배우인 이루카 체이스가 하고 있는 방법을 배우는 것도 좋은 방법이다. 그녀는 1년에 두 번 정장을 구입하며, 절대로 다른 부인과 함께 물건을 사러 가지 않는다. 이것에 대해서 그녀는 이렇게 설명한다.

"여자가 두 사람 이상 모이면 반드시 불필요한 시간을 만들며, 또한 판매원을 매우 귀찮게 한다."

⑦점심시간에 근무하는 사람의 경우는 물건을 사기 위해서 점심시간을 당기거나 늦출 것.

이 방법은 『CHARM MAGAJINE』의 편집자 헬렌 발렌틴도 권하고 있다. 그녀는 될 수 있는 대로 가벼운 식당 설비가 갖춰져 있는 상점에서 샌드위치나 수프로 간단하게 식사를 한다고 한다.

⑧양화점이라든가 잡화상은 집 근처나 통근하는 도중에

있는 상점을 이용하는 것이 편리하다. 이런 상점은 일찍부
터 문을 연다. 따라서 조금만 신경 쓰면 통근 도중에 구두
라든가 세탁물을 맡길 수 있고 잡화류도 살 수 있다.

⑨주문을 한다거나 배달받을 수 있는 세탁소는 조금 가격
이 비싸도 그만큼 가치가 있다.

19
식료품은 대량으로 구입하라

가정경제 전문가인 메리 엘리자베스 윌리는 식료품을 대
량으로 사서 저장해두는 것은 무엇보다도 중요한 시간절약
이라고 권하고 있다(그날에 필요한 식료품을 매일매일 구입
하면 결국 사는 양이 많아지는 경향이 있다.).

그러기 위해서는 저장할 장소와 어느 정도 돈의 여유가
따라야 하지만, 대량으로 사두게 되면 돈을 절약할 수 있는
이점이 있다.

그러나 '대규모 경제'가 반드시 경제적이라고는 말할 수
없다.

큰 상자에 든 가루비누나 세제를 사면 아무래도 많이 사
용하게 된다거나 헹구는 데도 시간이 불필요하게 많이 들게
된다.

또 큰 상자에 든 오트밀이나 과자류는 비교적 싸지만 작
은 용기에 나누어 담아두지 않으면 잘 보존되지 않는다.

　물건의 대량 매입에 대해서 크로거 식료연구재단의 가정경제부장인 잔 알렌은 자신은 매해 많은 주부들로부터 의견을 듣는데, 다음과 같은 점에 대해서 반성해 보면 좋으리라 생각한다고 말한다.

　①당신은 정육점이나 식료품점 카운터 앞에 줄을 서서 순서를 기다리면서 시간을 낭비하지는 않는가? 포장육을 구입하면 물건 사는 시간의 40%를 절약할 수 있다.
　또한, 요즘에는 냉동식품도 종류가 다양하게 많이 나와 있으므로 적절히 사용하게 되면 요리 준비나 요리시간을 크게 절약할 수 있다.
　②당신은 빵이나 케이크를 사기 위해서 일부러 나가야만 하는가? 연구결과에 의하면 잘 구워진 빵류는 냉동고 속에서 적어도 일주일간 신선한 상태로 저장될 수 있다는 것을 알 수 있다.
　③당신은 구매 물품 리스트를 종류별로 만들고 있는가? 이렇게 하면 한 번 돌기만 하면 필요한 물건을 전부 구입할 수 있으며 잊어버려서 왔다갔다 할 필요가 없다. 남편이나 아이들과 함께 물건을 사러 갈 때는 그 리스트를 둘로 나누어 각자 반반씩 사는 것도 하나의 방법이다.
　④당신은 가장 혼잡하지 않은 시간을 택해서 물건을 사는가? 정오 이전 시간이나 월요일부터 수요일까지는 비교적 한산해서 상점에서 소비하는 시간의 3분의 2는 절약할 수 있다.
　⑤당신은 여러 가지 점을 비교하여 가장 바람직하다고 생

각되는 상점을 정하고 그곳에서만 물건을 사는가? 경우에 따라서는 다른 상점에 싼 물건이 있을지도 모르지만, 그런 상점을 찾는 데 필요한 시간 낭비나 수고에 비하면 결코 싼 것이 아니다.

또 큰 상점에서는 식료품 이외의 것도 구입할 수 있기 때문에 여러 상점을 다닐 필요가 없다는 점도 간과해서는 안 된다.

내가 알고 있는 어떤 주부는, 어떤 가게에 갈 것인가에 대한 최후의 결정을, 그곳의 직원이 그녀의 많은 구매품을 정성껏, 그리고 신속하게 싸 주는가의 여부로 판단해서 상점을 선택한다고 한다.

⑥당신이 살고 있는 지역의 냉동식료품 판매 실정을 조사해 보라. 가짜도 있을 수 있기 때문이다. 이런 경우에는 당신 마을의 우량상점 안내소를 이용하는 것도 편리하다. 대개 냉동식료품점은 2, 3개월에 한 번 식료품을 싼 가격으로 집까지 배달해 주는 데도 있는데, 그중에는 간단히 식료품만을 파는 가게도 있고, 또 원래 목적이 냉동고를 파는 데 있는 상점도 있다.

20
목공일은 자신의 손으로

'일요일의 목수'라는 단어도 있는 것처럼 최근에는 벽을 칠한다거나 목공일, 도배 또는 집을 개조하는 일까지 점차 자신의 손으로 하는 사람이 늘고 있다.

이러한 일에 대해서 하나하나 시간 절약법을 소개하기는 곤란하지만, 그것이 완성된 후에는 스스로 해냈다는 만족감이 생기기 때문에 비용이나 들인 시간을 충분히 보상받을 수 있다.

그런데 이런 일을 할 때 필요한 도구류를 찾는 데 귀중한 시간을 쓸데없이 소비하는 사람이 많다. 그러므로 일정한 곳에 정리해 두면 찾는 시간만큼 그 도구를 사용해서 즐겁고 유익한 시간을 더 많이 보낼 수 있다.

다음에 소개하는 것을 지킨다면 그런 불필요한 시간을 낭비하지 않고 할 수 있을 것이다.

①단 하나밖에 없는 도구는 물론, 여러 가지 일에 쓰이는 도구를 모아둔다.

②벽에 걸 수 없는 도구는 금방 눈에 띌 수 있고 손이 닿을 수 있는 곳에 정리해둘 수 있도록 벽에 거는 판을 준비해둔다.

③도구류를 한곳에 정리해 두기 위해서 바구니에 넣어둔다. 그렇게 하면 이층이나 다른 방에서 일을 할 때도 그것을 가지고 가기만 하면 된다.

④못이나 나사, 또는 연결용 금속을 넣어두기 위해서 유리나 플라스틱으로 된 입구가 큰 병을 준비해 둔다.

⑤새로운 집을 개조할 계획에 착수하기 전에 전문가의 주의서를 충분히 읽을 시간을 갖는다. 그러면 실수하지 않고

긴장할 필요도 없으며 많은 시간을 절약할 수 있다.

21
가사 예정표 작성

어떤 집안일을 하든 계획을 세워 효과적인 방법을 선택하여 사용시간을 조사해 보는 것은 시간을 절약하는 것 이상으로 매우 중요하며, 이 절약한 시간을 다른 일에 이용할 수 있으므로 더욱 유효하다.

가족 모두는 각자 독자적인 욕구를 가지고 있게 마련이다. 주부 역시 마찬가지이므로 당신만 집안일을 위해서 시간을 할당할 것이 아니라, 당신 자신을 위해서 일을 분담하는 자주성을 갖는 예정표를 만들게 되면 매우 많은 시간을 절약할 수 있게 될 것이다.

유명한 미용가 헬렌 루빈스타인은 바깥일을 하고 있는 주부인 경우 이런 방침으로 예정표를 작성하는 것이 최선이라고 말하고 있다.

먼저 당신이 매일, 매주 또는 가끔 하는 일에 대해서 각각의 표를 작성하라. 그리고 나서 다음과 같이 시간을 구분하라.

①일을 시작하기 전 : 욕탕에 들어가기 전에 피부 손질을 하고 목욕중에도 그대로 하라. 그리고 옷을 입고 나서 침실

을 정리하고 아침식사를 한 후 출근을 한다.

저녁식사 때 함께 씻을 수 있도록 아침식사용 식기를 미리 준비해두면 시간을 절약할 수 있다. 세탁소라든가 구둣가게, 은행은 통근하는 도중에 있는 곳을 이용하면 같은 길을 두 번 왕래할 필요가 없다.

②점심시간에 할 수 있는 집안일 : 만약 집에 누군가 있으면 식료품을 미리 주문하여 배달받게 한다. 그러나 없으면 돌아오는 길에 즉시 받을 수 있도록 미리 전화로 주문해둔다. 근무처 가까운 상점에서 필요한 것을 사게 되면 점심시간에 구매의 반 정도는 끝낼 수 있다.

③근무가 끝났을 때 : 저녁식사 후 일을 정리해서 계획을 세우도록 하라. 그 경우 한주간에 해야 할 주된 일들을 저녁식사가 끝난 후 시간의 반 정도에 할애될 수 있도록 계획을 세운다.

이와 같은 방법은, 덜 피곤하여 더 일할 수 있다거나 다음날 자유로운 시간을 넉넉히 즐기고 싶을 때 이틀분의 일을 해낼 수가 있다.

예를 들어, 오늘 밤에는 한 시간 반 동안 옷 수선이나 다림질을 하고, 다음날 밤 같은 시간에는 청소를 하고, 3일째 밤은 세탁이라든가 빵 굽는 일을 하기로 계획을 세우는 것이다.

그리고 어떤 일이 끝나면 다음 일이 이어지도록 관련을 두어 계획한다. 예를 들면 저녁 식기를 정리할 때 아침 식사 식기를 준비한다거나 요리를 마쳤을 때 다음에 필요한 물품을 메모해 두도록 한다.

22
가족은 절대적인 협력자

만약 당신이 자신의 시간을 합리적으로 짤 필요를 느끼는 비즈니스 우먼이라면 당연히 가족들에게 부탁해서, 어떻게 하면 언제 어디서 시간이 절약될 수 있는가를 함께 의논할 것이다. 자신이 해야 할 일이 물론 많지만 가족들이 당신에게 어느 정도 협력해 주는가에 따라 당신의 여가 시간이 좌우된다.

당신이 어머니로서 늘 지나치게 가사에 시달리는 것을 가족들이 안타까워한다면, 당신의 최대 협력자로 가족을 선택하는 것을 주저하지 말라. 아이들은 가족의 일원으로서 가정 안의 일에 대해 의논하기를 원하고, 함께 일하고 공동의 기쁨을 얻기를 바라고 있다.

세상의 많은 남편들이 설령 주부가 직업인이라고 하더라도 모든 가사일은 당연히 주부의 것이라고 생각한다. 반면 스스로도 잘할 수 있는 일이라면 기꺼이 가사를 돕고 싶다고 생각하는 남편도 많다.

모두가 서로 협력하는 최선의 방법은 누가 무엇을 분담하는가를 가족들이 함께 의논하여 정하는 것에 있다. 하나의 기업에서와 마찬가지로 그 능력이나 욕구에 맞는 역할을 맡겨라.

한편, 당연히 남성이 해야 할 난방장치라든가 책장, 창문망을 붙이는 목공일 외에도 샐러드를 만들게 한다거나 옥외

에서의 바비큐 준비, 아이들 보기라든가 번거로운 물건 사
는 일을 시켜 남성을 기쁘게 할 수도 있다.

먼저 하기 싫은 가사일을 남기지 말고 기록해 보라. 당신
은 그 메모를 보기만 해도 소름이 끼치겠지만, 그렇게 함으
로써 연로하신 분부터 시작해서 가장 어린 아이에 이르기까
지 각각의 능력이나 관심에 따라 일을 분담할 수 있는 기회
가 될 수 있다.

아이들의 시간절약에 관한 여러 가지 의견을 아예 무시해
버려서는 안 된다. 아이는 쓸데없이 과거의 습관에 속박당
하고 싶지 않은 것이다.

일주일 정도 모든 집안일을 골고루 아이들과 교대로 해보
라. 그렇게 하면 누가 가장 잘하는가 알게 될 뿐만 아니라,
한 사람이 같은 일만 하게 되는 것을 방지할 수 있는 일석
이조의 효과를 얻을 수 있다.

이를테면 누구나 잠자리를 준비한다거나 설거지를 하고
싶어하지는 않을 것이다. 그러나 아이들이 자신의 역할을
잘해 갈 때마다 많이 칭찬해 주면 아이들은 확실하게 그 일
을 잘해 낼 것이다.

가정에서 아이들을 적당하게 칭찬해 주는 것은 협력 태세
를 만들어 가는 가장 쉬운 방법이다. 당신이 딸의 마음씀에
감사하고 있다는 것을 딸이 알고, 아이들도 당신이 가정에
대해서 당신 이외의 누구도 할 수 없는 공헌을 하고 있다는
것을 깨닫게 되면 지금까지 있었던 서로의 반목도 사라져
버릴 것이다.

더불어 아이들을 칭찬해 주면 기꺼이 도움을 받을 수 있

을 뿐만 아니라, 당신 역시 자신의 역할을 단시간 동안에 모두 잘함으로써 아이들로부터 감사하는 마음을 갖게 할 수 있을 것이다.

왜냐하면 이렇게 하면 가족 전체가 모두 모여 즐겁게 지내는 시간이 증가하기 때문이다.

제11장
여가 이용법

라틴 아메리카에는 재미있는 건배 습관이 있다. '건강과 돈, 그리고 생활을 즐길 시간을 부여받기를'이라는 뜻을 담은 건배가 그것이다.

무엇인가를 즐기기 위한 시간을 갖는다는 것은 인생에 있어서 대단히 중요한 목적 중의 하나이다. 내가 이 책을 쓴 것도 이 목적을 달성하는 데 한 몫을 하려는 것에 지나지 않는다.

지금 곧 당신이 하고 싶다고 생각하는 것을 열거해서 목표를 정하기 바란다. 가능한 한 상세하게 기록하라. 이렇게 하면 실제로 그 일에 임하기 전부터 마음이 즐거워지는 것을 곧 알 수 있을 것이다.

어떻게 하면 일하는 시간을 절약해서 자신의 여가시간을 만들 수 있을까에 대해 이해하게 되면, 그 여가는 당연히 곧 당신 눈앞에 펼쳐질 것이다.

첫째로, 당신은 이 책에서 말하는 방법을 사용하지 않아도 매년 1,930시간의 휴식시간을 가지고 있다. 이 숫자는 다음 사실에 근거하고 있다. 1년은 365일로서 8,760시간이다. 매일 평균 8시간 수면을 취하고, 1주일에 5일 8시간씩 일하며, 1년에 2주간 휴가를 얻고, 7일간 휴일이 있다. 그리고 이 휴식시간은 점차 많아지게 되며, 매주 일하는 시간은 점차 줄어드는 반면 휴가는 늘어가는 경향에 있다.

둘째로, 이 책에서 제시하는 여러 방법을 이용하면 1년 동안에 365시간이라는 여분의 시간을 더 만들 수 있다.

이러한 여가를 실제로 당신은 가지고 있는 것이다. 지금 곧 이것에 대해 기뻐하고 즐기기 바란다. 뒤로 미루게 되면 기회는 영원히 없어져 버릴지도 모른다.

당신의 생활이 더욱 충실해지고 풍요로워지며 더욱 완성되어 갈 수 있도록, 당신이 만든 여가를 효과적으로 사용하기 위한 몇 가지 방법을 알아보도록 하자.

1

관심의 폭을 넓게

당신의 관심을 더욱 크게 넓히면 넓힐수록 생활에서 얻는 수확은 많아진다. 당신이 가지고 있는 모든 재능이나 창조력을 동원하고 발휘하기 바란다. 움츠리지 말고 과감히 한 번 시도해 보기를 권한다.

먼저 당신이 하고 싶다고 생각하는 것을 모두 기록하고 그것을 어떻게 하면 이루어갈 수 있는지에 대한 연구를 한다. 그러고 나서 당신이 새롭게 가지게 된 시간의 일부분을 그것을 위해서 쓰겠다고 결심하라.

일상적으로 필요하고 누구나 그 의무에서 벗어날 수는 없지만, 의식주를 위해서 모든 시간을 쏟고 심신을 소모시켜 버리는 것은 너무 무의미하다.

2

사회 활동

당신이 어디서 살건 그곳에는 반드시 어떤 사회적 연관성이 있는 활동을 할 기회가 있다. 시야를 좀더 넓게 가지며, 그런 모임에 적극적으로 참여함으로써 많은 사람들을 위해서 일하는 동시에 자기 자신의 관심의 범위를 더욱 폭넓게 확대할 수 있다.

자신의 약간의 시간과 노력, 그리고 창조력을 이러한 활동에 참여하는 데 바칠 것을 결심하라. 이것은 오랜 동안 당신에게 있어서 가장 많은 성과를 가져다 주는 노력 중의 하나가 될 것이다.

3
취미 생활

취미란 자신이 원하는 매우 멋진 일을 하는 것이다. 취미를 위해서 바쳐진 노력은 최고의 성과라는 선물로 우리에게 되돌아온다. 또한 그것은 무한하게 뻗어갈 수 있는 가능성이다.

단순한 오락으로서가 아니라 탐구심을 갖고, 일시적인 기분에 빠지지 말고 어디까지나 의욕적으로 하라. 미술·회화·문학·수예·사진 등, 당신의 관심을 불러일으키는 분야를 택해 현재 살고 있는 지역에서 행하는 성인 대상 강좌를 듣는다.

4
아마추어 목수

최근에는 모든 일을 가정 안에서 하려는 경향이 강해졌다. 막상 사람을 불러 일을 시킨다는 것도 쉽지마는 않다. 가계에 부담이 올 정도로 고액의 인건비를 지불해야 하는 현실을 무시할 수 없기 때문이다.

전문성을 요하는 일이야 어쩔 수 없지만, 손쉬운 일은 자신의 솜씨를 발휘해서 만들고자 하는 흐름이 누구나 기술에 대한 많은 관심을 표하게 만들었다.

　이러한 경향은 자신의 창조력을 발휘하고 일을 완성한다는 만족감을 깨닫는 의미로서, 그리고 생활을 풍요롭고 행복하게 하여 보다 나은 생활의 기반을 만들어 훌륭한 가정을 이루는 데 있어서도 큰 역할을 한다.

5

아마추어 작가

　우리는 무척 바쁘고 복잡한 삶을 살아가고 있다. 정신 없이 하루를 보내고 또 다른 아침을 맞이하곤 한다. 비록 이렇게 짬이 없는 오늘을 살기는 하지만 조금쯤 시간을 내어 뭔가를 쓰는 데 할애를 해보자. 글로 남긴 시간들은 훗날 추억과 함께 긍지와 보람을 느끼게 해줄 것이다.

　우리는 어느 날, 홀연히 날아든 누군가의 편지를 받으며 진한 감동을 느꼈던 경험이 있을 것이다. 그때 느꼈던 감동을 되새기며, 오랫동안 소식을 전하지 못한 친구에게 편지를 쓰는 것으로 시작해도 좋다.

　부지런함이 뒤따르기는 하지만, 학창 시절 한두 권쯤은 써 보았을 일기를 다시 쓰는 것도 좋다.

　그런 다음, 좀더 넓혀 자신이 가장 큰 관심을 가진 분야에서의 연구결과를 이야기식이나 논문으로 정리해 보는 것은 어떨까.

6
시간 절약은 돈

나 아닌 누군가가 시간을 절약할 수 있는 방법을 고안해 낸다면, 그도 역시 큰돈을 벌 수 있는 기회를 맞이하게 된다. 최근에 발명된 우수한 물건 중 몇 가지는 시간을 절약하기 위해서 만들어진 것이다. 시간이 절약되는 연구는 그것이 어떤 연구이건 대단히 많은 돈을 벌 수 있다.

내가 쓴 책 『아이디어를 활용해서 재산을 모으는 법』 속에는 시간절약법을 고안하려고 노력하는 여러 사람들의 이야기가 수록되어 있다.

당신 역시 예외가 아니다. 당신 자신의 시간절약법도 당연히 돈을 벌 수 있는 가능성은 얼마든지 내포하고 있다.

7
아이들과 사귀는 법

여가의 일부를 할애해서 아이들과 지내는 것도 매우 바람직하다. 우리들은 아이들과 함께 지내는 유익한 시간을 너무 적게 가지고 있다.

내가 알고 있는 한 프랑스어 여교사는 자기 아이와 집안일 때문에 하루종일 근무하는 직업을 선택할 수가 없었다.

현재 뉴욕의 병원에서 일주일에 두 시간씩 프랑스어를 가르치며 살고 있는 그녀는 생활에 만족하고 있다.

당신도 어느 정도는 보이 스카우트나 걸 스카우트, 그 밖의 아이들이 참여하는 여러 그룹, 일요 학교, 당신이 살고 있는 곳의 여러 소년 단체에 참가할 정도의 시간은 낼 수 있을 것이다.

실업가들 중에는 사업에서 손을 떼고 나면 아무 할 일이 없어져 완전히 무용지물이 되어 버리는 예가 많다.

하버드 비즈니스 스쿨의 헤럴드 P. 홀 교수는 이 문제를 깊이 연구한 결과, 설령 아직 20대, 30대라고 해도 현재 자신이 만든 여가를 위해서, 또는 당연히 찾아올 만년에 무언가를 하기 위해서 취미를 갖고 준비하는 것은 결코 빠르지 않다는 의견을 발표했다.

심리학자들은 인간은 수동적인 경우보다 능동적인 경우에 피로를 덜 느낀다고 말한다. 우리들은 육체적으로도 편안한 기분으로 뭔가를 하고 있는 경우에 가장 만족감을 느낀다. 우리가 수동적이라는 것은 만약 그대로 억압되어 있으면 정신적인 긴장이나 욕구 불만을 만들어 낼 힘을 축적하고 있는 것을 말한다.

결코 정신력을 쉬게 해서는 안 된다. 정신은 변화나 활동, 자극을 원하고 있으며, 그러한 욕구가 채워지지 않으면 점차 퇴화하고 노쇄해진다. 그렇게 되면 자연히 그것에 편승하게 되어 감각이나 의식마저 흐릿해져 가는 것이다.

당신이 귀중한 여가를 만들어내는 것은 현재 충실한 생활, 그리고 내일의 보다 풍요로운 생활에 대한 꿈을 실현하

는 데 큰 역할을 한다. 홀 교수는 이러한 장래에 대한 꿈의
효과를 설명하는 데 다음과 같은 이야기를 한다.

맨해턴의 유명한 록펠러 센터가 건축가의 머리 속에서 작
은 희망으로 존재하고 있을 때, 5번가에 큰 가로수가 자랄
수 있는지 알아보기 위해서 식수 전문가를 초청했다. 대부
분이 바위 위에 세워진 빌딩 숲으로 된 대도시 한가운데에
서 나무가 제대로 자랄 수 있을까?

식수 관계자들은 이 문제를 진지하게 검토하여 다음과 같
은 결론을 끌어냈다.

"나무가 성장하는 데 근본이 되는 것에 대해 준비를 하
자. 이런 환경에서 자랄 수 있는 나무는 사전에 준비해 두
지 않으면 새로운 환경 속에서 결코 성장할 수 없다."

그렇게 해서 먼저 그곳의 토지에 맞는 뿌리가 준비되었
다. 나무는 조금씩 조금씩 성장하여 그 이래로 계속해서 기
세 등등하게 번성하고 있다.

이 교훈은 우리 모두의 생활에도 적용된다.

해   설

타임 매니지먼트(시간 관리)에 대한 책들은 여러 작가들에 의해 소개되었다. 1970년대에는 J. D. 쿠퍼의『시간 활용법』, S. B. 린다의『시간혁명』, R. 매켄지의『시간을 관리하는 기술』, 알렌 러킨의『러킨의 시간관리 법칙』, E. C. 브리스의『타임 매니지먼트』등이 소개되었고, 1980년대에는 데이비슨의『비즈니스 시간의 능숙한 활용법』, 프리다 포레트의『지적 시간 활용법』, M. E. 더글러스『시간을 만든다』등도 소개되었다.

이것들은 주로 비즈니스맨이 대상이지만, 케리어 우먼의 진출에 따라 여성을 위한 타임 매니지먼트 책도 1970년대 말부터 여러 가지가 나오기 시작했다.

미국의 경우, 70년대 후반에 레이 오프너 기업은 인원 삭감에 따라 더 적은 인원으로 일을 처리해야만 하게 되는데, 그것이 타임 매니지먼트를 부각시키는 원인이 된다.

반면에 일본의 경우는 오히려 생활의 즐거움을 위해서 일은 일로서 효율적으로 하고, 그외의 많은 자유시간을 갖고 싶어하는 사람들을 위해 타임 매니지먼트 방법이 소개된다.

즉, 일을 하기 위한 시간과, 여가활동이라는 일과 관계 없는 것을 하기 위한 시간 양쪽을 「자신의 시간」이라고 하고, 이와 같은 시간을 잘 만들어 내고 활용하는 데 필요한 노하우를 갖는 데 도움을 받는 것이다.

레이 조지프는 1955년에 이 원서를 썼다. 당시로서는 달리 비슷한 책이 없었다가 1960년대 후반이 되어 이윽고 다음과 같은 책, 두 가지가 출판되었다.

The Management of Time – J.T.McCay, 1969

How to Use Your Time to Get Things Done – E.B. Feldman, 1968

이런 의미로, 이 책은 타임 매니지먼트의 고전이라고도 말할 수 있다.

조지프는 저술가, PR 컨설턴트이다. 원래 저널리스트로 문장도 탁월하다. 밤과 낮도 없이 바쁜 생활 속에서도 거뜬히 일을 할 수 있었던 그의 타임 매니지먼트의 노하우가 이 책 속에 모두 담겨져 있다.

먼저 서장에서는 누구에게나 주어지는 하루 24시간에는 한계가 있다고 강조한다. 그것을 활용하기 위한 제1조건은 '어느 시간에 무엇을 하고 싶은가?'라는 목적을 확실하게 세우는 것이라고 한다. 그리고 매일 60분씩 여분의 시간을 획득하도록 권한다.

여기서 작가 아놀드 베네트의 말이 등장한다. 베네트야말로 구미에서의 타임 매니지먼트 원조라고 말할 수 있다. 왜 냐하면 그가 거침없이 How to Live on 24 Hours a Day라 는 책을 1910년에 런던에서 출판했기 때문이다. 이 책은 아 직까지도 미국에서 계속 출판되는 고전 중의 고전이다.

작가였던 베네트는 그 속에서 시간의 중요성과 다양한 아 이디어를 보여주고 있다. '아침에 잠자리 속에서 간단하게 홍차를 마시려면 어떻게 하면 좋을까?'라는 식이다.

조지프는 거기에 더해서 하루 60분을 투자하라고 말한다. 아놀드는 그 시간을 '마음을 가꾸는 시간', 즉 '컬처 (culture)의 시간'이라고 말한 반면, 조지프는 '관심을 넓히 는 시간'이라고 말한다. 다시 말해, 자신의 교양을 넓히는 데 사용하라는 충고라고 생각할 수 있다.

다음은 제1장부터 제11장까지 살펴보자. 200여 가지의 힌 트가 정연하게 편집되어 있어서 읽기에 매우 편리하다.

<제1장—아침의 일과>에서는 무엇보다도 먼저 잠자리에 서 벌떡 일어날 필요가 있다고 운을 뗀다. 그러기 위해 그 날 할 일 중에서 가장 즐거운 것을 생각한다거나, 시계 라 디오를 놓고 출근 전의 몸단장 순서를 검토하는 등에 대한 아이디어가 실려 있다.

<제2장—하루하루의 근무>에서는, 직장과 주거지와의 거 리를 고려하여 가능한 한 버스나 전철을 갈아타지 않아도 되는 곳에 주거지를 마련하기를 제의한다. 이것은 날마다 겪어야 하는 교통 혼잡을 피하는 아이디어이다. 출근하는 차 안에서는 그날의 일에 대한 계획이나 연구를 하고, 신문

은 집에 돌아오는 차 안에서 읽는 것이 좋다. 그리고 일은 가능한 한 단순화되도록 준비·실행·사후 정리의 단계를 밟아서 한다. 다음에 아침형·저녁형에 대해서는 자신이 어느 형인가를 알고 스스로 가장 좋은 시간을 찾는다.

<제3장―일의 정리 방법>에서는 메모를 써 두는 습관을 들이는 것이 가장 먼저 제시된다. 그리고 하루 예정표와 주간 예정표를 만드는 습관을 붙일 것. 일은 15분 단위로 스케줄화하는 것이 좋다. 이것은 한 가지에서 한 가지로 연결되는 일이 있는 사람에게 권하는 방법이다. 또한 '제1의 판단력'을 발휘하고 소위 '우선 순위'를 정할 것. 요즈음 발간되는 타임 매니지먼트 텍스트에는 대부분 이 원리가 등장하고 있다. 마지막으로 회의 시간을 단축하는 방법이 있다.

<제4장―일을 진척시키는 묘책>에서는 먼저 한 번에 한 가지 일을 할 것을 강조한다. '작업 분석표'에 의해서 일주일 동안의 작업시간을 분석하여 불필요한 것이 있는가를 발견하는 것도 필요하다. 그리고 '방해받지 않는 자신만의 시간'을 만드는 연구를 해서 누구와도 만나지 않는 시간, 전화를 받지 않는 시간을 만든다거나, 조용한 방을 만드는 것도 생각해 볼 수 있다.

<제5장―기분전환법>. 이 장에는 커피 타임이 제2차 세계대전 직후부터 생겼다고 전한다. 그것이 생산을 증대시키고 능률을 높이는 데 큰 역할을 하게 되었다고 한다. 점심시간을 갖는다거나 담배를 피우는 것도 기분전환을 위해 좋으며, 수면을 필요 이상 길게 취할 필요는 없다고 한다.

<제6장―인생관과 습관>에서는 습관 문제를 다루었다.

일에 흥미를 느끼고 열의를 가지려면 어떻게 하면 좋을까. 꾸물꾸물하지 않고 즉시 실행하는 습관을 익히는 것이 중요하다. 그리고 시간 절약이 되면 친구를 사귀고 교제 시간을 컨트롤한다. "'아니오.'라는 대답을 기억하라!" 이 제안도 타임 매니지먼트 원리로서 널리 사용되고 있다.

<제7장—독서와 기억>에서는 뭔가를 읽는 시간을 더 많이 가질 것, 읽어야 할 책을 주의 깊게 선택할 것에 덧붙여 읽는 속도를 빠르게 할 것이 제시되고 있다.

<제8장—시간을 절약하는 기술>에서는 여러 가지 시간을 절약하는 기기가 등장한다. 전화·전보·테이프 레코더·사진 등이 등장하고 있다. 최근의 시점으로 보면 부족한 감이 없지 않으나 시간을 절약하는 기초적인 기기로서는 지금도 충분히 활용할 수 있는 것들이다.

<제9장—잡무 정리>에서는 일상적으로 접하는 잡무에 대해 다루었다. 찾기 쉬운 장소에 물건을 두는 것, 서류 정리, 편지 쓰는 시간과 쓰는 방법, 여행, 여가시간 활용법 등, 누구나 할 수 있는 잡무 처리법이 쓰여 있다.

이와 같이 이 책은 타임 매니지먼트의 기본 텍스트로써, 생활의 모든 면에 적용할 수 있는 힌트가 매우 많이 쓰여져 있다. 비즈니스맨은 물론 주부를 위해서도 제10장이 특별히 기획되어 있으므로 참고할 점이 많다.

타임 매니지먼트에 관심을 갖고 있는 사람은 먼저 이 책을 읽고 기초를 익힌 다음 조금 더 전문화된 것을 읽도록 권하고 싶다.

자신의 시간을 이렇게 활용하라

2014년 02월 10일 인쇄
2014년 02월 15일 발행

지은이 레이 조지프 / 이상현 옮김
펴낸이 김 용 성
펴낸곳 지성문화사
등 록 제5-14호(1976. 10. 21)
주 소 서울 동대문 신설동 117-8 예일빌딩
전 화 02)2236-0654, 2236-5554
팩 스 02)2236-0655, 2236-2953